读古今小故事，以自律之心修己身；
明天下大哲理，以廉洁之风拒腐败。

廉洁自律小故事 反腐倡廉大道理

（全新升级增订版）

魏 峰◎编著

在其位 谋其事 尽其责
讲好新时代中国反腐故事

人民日报出版社

图书在版编目（CIP）数据

廉洁自律小故事 反腐倡廉大道理 / 魏峰编著. --北京：人民日报出版社，2022.12

ISBN 978-7-5115-7691-0

Ⅰ.①廉… Ⅱ.①魏… Ⅲ.①反腐倡廉-中国-通俗读物 Ⅳ.①D630.9-49

中国国家版本馆 CIP 数据核字（2023）第 002187 号

书　　名：廉洁自律小故事　反腐倡廉大道理

LIANJIE ZILÜ XIAO GUSHI　FANFU CHANGLIAN DA DAOLI

作　　者：魏　峰

出 版 人：刘华新

责任编辑：刘天一

封面设计：陈国风

出版发行：人民日报出版社

地　　址：北京金台西路 2 号

邮政编码：100733

发行热线：（010）65369527　65369846　65369509　65369510

邮购热线：（010）65369530　65363527

编辑热线：（010）65369844

网　　址：www.peopledailypress.com

经　　销　新华书店

印　　刷　北京柯蓝博泰印务有限公司

开　　本：170mm×240mm　1/16

字　　数：200 千字

印　　张：13. 75

版次印次：2023 年 7 月第 1 版　2023 年 7 月第 1 次印刷

书　　号：ISBN 978-7-5115-7691-0

定　　价：59.80 元

前言

廉洁是一盏明灯，在黑暗冰冷的夜晚照亮人们前行的路；廉洁是灵魂深处常吹的清风，提醒人们要抵得住诱惑，守得住信念。

几千年的文明传承，廉洁早已成为一种价值取向和衡量一个人品格的标尺，在漫长的时光隧道中熠熠生辉。欲廉洁，先自律。如果说廉洁是不变的道德准则，那么自律则是永恒的精神追求。无论社会如何发展，廉洁自律永远是时代的呼唤！

腐败是世界各国面临的共同问题。每个国家都期望找到一把破解腐败的“金钥匙”。这把“金钥匙”便是廉洁自律。廉洁自律是党员干部必须具备的品质，更是防腐、反腐的第一道防线。作为一名共产党员，要时刻加强自我修炼，慎独慎微、慎始慎终、清正廉洁，永葆无私为民的赤子之心。

古人云：“焉行为不端，源心术不正。”一个人做不到廉洁自律，多半是思想偏离正轨，所以我们只有努力从自身做起，把廉洁信念根植于内心，才能筑牢防腐堤坝，筑起思想的“防火墙”，才能做到对不义之财、纪外之求、别有用心的“围猎”视而不见。也只有将“心不动于微利之诱，目不眩于五色之惑”作为自己的行为准则，才能在人生旅途和从政之路上做到问心无愧。

本书以古今廉洁小故事为立足点，通过这些或自律自省、或清正自持、或永葆本色的小故事，深入浅出、由表及里、鲜活生动地诠释廉洁的内涵，同时也甄选了一些有关腐败的真实案例，以作警示。党员干部应引以为戒，把“既想当官，又想发财”的邪念从脑海中剔除，如此才能成为一名知敬畏、存戒惧、守底线的好干部。

廉洁自律的故事虽短，但正风反腐的真谛却意味深长，犹如一杯茶，虽微苦，却回甘无穷。党员干部务必要在心里敲响自律警钟，守住廉洁底线，不失理性、不染污浊，勇于担当、甘于奉献，用廉洁自律之光照亮人生之路。

目录

第七章 尚俭戒奢，绽放勤俭节约之花

第八章 择善而交，守住交友“廉洁圈”

第九章 诚实守信，塑造爱岗敬业之风

第一章

清明自廉，不受不贪身要正

一个人想要成就事业、树立品行，必须要做到心底干净、无私、纯粹，如此才能心正、身正、行正，不怀贪心、不求私利。党员干部要想做到不受不贪，首先必须清明自廉，思想清醒了、意志坚定了，才能明确方向，不负历史、不负时代、不负人民。

1. 不贪为宝，守住底线

庄子说："贪财而取危，贪权而取竭。"过度贪求财物会招来怨恨，过分追逐权势则会耗尽心力。先贤早已为世人指出了一条光明之路，即不贪不占、持正守廉。

每个人都有欲望和私心，但作为党员干部，要有克服这些弱点的信心和决心，要以廉洁为标尺，在诱惑面前稳住心神、不乱阵脚，如此才能避免一步步滑入腐败的深渊。

古人云，"君子爱财，取之有道"，党员干部要干净为官、坦荡做人，不应过分看重钱财，尤其是不属于自己的财物，更不应为其所动，被其牵绊。"不贪为宝"应成为每一名党员干部的为官箴言。

春秋时期，宋国某人在山上开采石料时偶然得到了一块美玉，便带回家去，让玉匠鉴别。玉匠看过之后赞叹道："这真是一块宝玉，没有任何瑕疵。不过你要妥善保管，避免被别人偷走！"

听完玉匠的话，这个人非常担心，放在哪里都觉得不安全，卖掉又怕买家不识货，于是他决定把这块美玉献给一个有身份的人，这样还能攒下一些"人情"。几天后，他便去都城拜见当时负责工程的司城（官名）子罕，并献上了自己的美玉。

子罕疑惑地问："你送给我这么贵重的礼物，应该是想让我替你办事吧？但是我从不会接受他人送来的礼物。”

这个人马上说：“我并不要求您帮我办事，我请玉匠鉴定过，这是一块稀世之宝，我很想献给您。”

子罕马上拒绝道：“我不会收这块玉的。如果我收了，你和我就都失去自己的宝了。”

那人不明白子罕的意思，一脸疑惑地看着他。

子罕说：“我以不贪为宝，而你以玉为宝，你把玉献给我，失去了自己的宝；我若收下你的玉，也就失去不贪这个宝了。如此，我们双方都失去了自己的宝。”

党员干部必须要擦亮“不贪为宝”的底色，做到“常思贪欲之害、常怀律己之心”，守住底线、牢记使命，面对诱惑绝不伸手，要牢牢把自己的私欲“囚禁”在内心的廉洁之地，永葆一份纯粹与干净。

正风反腐的脚步从未停滞，国家也在加大对贪腐行为的打击力度，然而大小官员因贪腐而落马的事情仍时有发生，究其根本，就在于这些手握权力的党员干部未能从根本上正心、守行，他们把权力当成了“摇钱树”“聚宝盆”，慢慢地丢掉了原本坚守的底线和原则，开始在“发财”的路上挖空心思找捷径，终而断送了自己的政治生命，失去了人身自由。

人人都有追求利益的权利，让自己和家人过得更舒适、富足，但获取财富的方式必须合理合法，如果以权谋私、贪污腐化，通过贪占的方式获得财物，只会给自己带来无穷的灾祸。

某市委统战部原副部长肖某走向犯罪便是很好的例证。经查明，在2019—2021年间，身为国家公职人员的他滥用职权，为他人在项目和工业生产等方面谋利，并从中收取他人贿赂共计470多万元。

事后，他本人也痛斥自己的思想出了问题，没能守住底线，只一味地享受权力带来的快乐和优越感。逢年过节时，他对别人送来的土特产、礼金卡等总是来者不拒，由此慢慢地“贪”成了习惯，认为使用个人职权谋利是理所当然的。

最终，肖某因犯受贿罪被依法批捕，但鉴于其系主动投案，并积极退回赃款，法院判处其5年有期徒刑，并判处罚金40万元人民币。

“一丝一粒，我之名节；一厘一毫，民之脂膏。”党员干部要以廉养心、以心育德、以德导行，真正地做到克己奉公，廉洁自守，成为一名有“官德”的党员干部。

《左传》中有云：“国家之败，由官邪也。官之失德，宠赂章也。”这句话的意思是，一个国家的衰败，完全是由于官吏作风不正导致的，一旦他们丧失了道德与正义，就会很明显地喜欢他人赠予的东西。毫无疑问，党员干部一旦对他人的赠予，或者说对于“不劳而获”的东西爱不释手，则表明他们起了贪心、贪欲，也就自然会有贪腐的行为，久而久之，就会变成贪官。

党员干部若想正己正心，就要从根本上认识到“欲不可纵，渐不可长”的道理，加强党性修养，真正做到“德业毋落人后”。要始终把人民群众的利益放在首位，提升事业心、责任感和使命感。

有道是“祸之所由生也，生自纤纤也”，党员干部在平日里要注重德行的修炼，一旦察觉到思想有动摇，必须立刻警醒，避免千里之堤毁于蚁穴。同时，党员干部也要树牢马克思主义利益观，正确看待手中的权力，清楚权力的服务对象，正确对待公务与私事，并严格约束自己，做到心不贪、嘴不馋、知荣辱、知廉耻，试问能够做到这些的党员干部，还会是一个贪得无厌、背离初心的人吗？

党员干部的不贪和对底线的坚守是相辅相成的，正因为不贪，所以才能守住底线；反过来说，能够守住底线，控制欲望的党员干部，又怎么会变成贪婪腐化的官员呢？保持清廉，应该成为每一名党员干部的必修课，更应成为他们的一种责任和习惯，如此，党员干部才能更有担当，成为一身正气的时代践行者。

2. 慎用权力，公私分明

春秋时期宋国大夫正考父是一个慎权笃行的人，他在家庙上留下铭训："一命而偻，再命而伛，三命而俯。循墙而走，亦莫余敢侮。"意思是：每次被提拔只会越来越谨慎，第一次提拔便低下头，第二次提拔要弯着背，第三次提拔要弯下腰，走路也是靠墙走。这句铭训是他的为官准则，而他也成为后世敬仰的慎权典范。

权力是一把双刃剑，恰当地使用可以为国为民谋福利，乱用、滥用只会祸国殃民，遗患无穷。因而，党员干部必须要慎重对待自己手中的权力，把"慎权"作为基本行为准则。

能否正确地对待和使用手中的权力，是检验一名党员干部党性强弱、德行高低的试金石。党员干部必须擦亮双眼，认清权力的属性，切勿把权力作为为己谋私的工具，要珍惜权力，自觉接受党和人民群众的监督。

立党为公，执政为民，党员干部要明白，公与私之间有着鲜明的界限，不可逾越，不可触碰，要守住底线、勤政为民、以身作则，切莫因为自己身份的不同而在思想上产生优越感，要牢记自己也只是普通群众的一分子。而一个在思想上做到公私分明的人，在行动上也自然不会越界。

北宋时期，有一位十分清廉的官员，他在阅读上级发来的信件时，发现信中有一部分是关于自己家属情况的，于是马上更换了烛台，点上自家的蜡烛。他之所以这样做，是因为信件里面涉及家属的事情，这是私事，不能用公家的蜡烛。

可以看出，这名官员已经把公与私划分到极为“严苛”的程度，正是这份谨慎的态度，才会让他在处理任何案件时都能做到大公无私，绝不滥用职权。党员干部必须树立正确的权力观，认识到权力的来源，这样才能自觉地提升公仆意识、自律意识、廉洁意识，才能把为党和人民谋福作为第一要务。

党员干部要破除“官本位”的思想，坚持从群众中来，到群众中去的原则，切实做到立身不忘为人之本、用权不谋一己之私。归根结底，党员干部心中要有一杆秤，一边为公、一边为私，明确了什么是公权，什么是私权，也就可以做到秉公用权、廉洁用权了。

汉顺帝初年，以“公正无私”著称的苏章被调任为冀州刺史。上任之初，他便很用心地处理政事。这一天，他被一件棘手的案子难住了。

在这件案子中，苏章发现有几个账本不清楚，便马上派人前去查访。经查实，原来是清河太守贪污受贿，且数额巨大，才导致了账本的混乱。苏章震怒，决心依法处理这个胆大包天的清河太守。

然而，当他得知清河太守的名字时，不禁怔住了。原来，清河太守居然是他之前的同窗，也是当时他最好的朋友。回想当初，两人总是一起吃饭、一床睡觉，可谓形影不离。如今，却要在这种情况下与老友相见，苏章内心十分矛盾。

那位清河太守呢？贪腐的事情败露后，他本来惶恐不安，可听闻冀州刺史居然是自己的老友苏章时，不禁大喜过望，心想自己一定可以得到照顾，虽然他也耳闻苏章的廉洁之名，但仍然心存侥幸。

很快，苏章派人请他去赴宴，在酒桌上，苏章拉着他的手大叙旧情，绝口不提案子的事。清河太守见状，加之喝了几杯酒，便大言不惭道："兄弟啊，看来我的运气真好，别人至多有一个老天爷照顾，我却有两个老天爷，实在荣幸之至。"

苏章一听这话，一把推开碗筷，站起身一本正经地说："今晚我请你吃饭喝酒，是尽了私家的情谊，明天我会升堂办案，一切秉公处理，公是公，私是私！"果然，第二天一早苏章便升堂审案，依法治了这位太守的罪。

苏章的公与廉，恰好与清河太守的私与贪形成了鲜明的对比。苏章不徇私情，虽与清河太守有同窗之谊，但他公事公办，绝不掺杂个人私情，这也是对权力最大的尊重；清河太守一心谋私，因而贪污腐败，还指望苏章能成为他的"第二个老天爷"，永远庇护他，简直是痴人说梦。最终，他为自己的私与贪付出了应付的代价。

党员干部应以此为戒、以此为鉴，养成严谨的生活态度，净化自己的心灵，主动拒贪拒腐，拒绝一切诱惑，慎权笃行，因为只有消除了个人过度的私欲，约束了自己的行为，才会在行使权力时站在公正的立场上，真正把权力用在刀刃上，用在解决群众疾苦上。

"一朝权在手，便把令来行。"这种扭曲的认知促使不少党员干部抛弃了曾经坚守的党性操守，公然用手中的权力为自己谋福谋利，直到最终身陷囹圄，他们方才醒悟过来，意识到公与私从来都是泾渭分明的，是自己的私欲把二者混为一谈。

所以，党员干部必须在思想上"拎得清"公与私的关系，唯有此才能正确看待手中的权力，在使用权力时才会慎之又慎，不会恣意妄为。

在其位谋其政，党员干部身在公职岗位，就必须尽忠职守，严格约束个人行为和操守，不断增强政治定力、纪律定力，锤炼干净、纯粹的政治品格，时时磨炼自身党性，真正做到克己奉公、公私分明。

3. 为官之道，以廉为本

《官箴》中提出："当官之法，唯有三事：曰清，曰慎，曰勤。"何为清？即清廉、清正，内心干净纯粹，没有贪占之心。何为慎？即谨小慎微，如履薄冰，一举一动、一言一行都小心翼翼。何为勤？即为官者勤于政事、勤政为民。

以上三点，是谓为官之道、为官之本。在现代社会中，党员干部也应以此为根，守住自己内心的"清、慎、勤"，力争成为人民的好公仆。

谨守为官之道，才会做到为官以廉，因为那些内心干净、言行谨慎、勤政为民的党员干部，会始终守住底线，重视个人品行，不会为了私利做出危害集体利益之事，更不会在面对诱惑时乱了方寸，一头扎进物欲横流的暗潮之中。他们能够擦亮双眼，从思想上固本培元，提升党性觉悟，增强防腐抗变的能力。

张廷玉在《澄怀园语》中说："居官清廉乃分内之事。为官第一要'廉'，养廉之道，莫如能忍。人能拼命强忍不受非分之财，则于为官之道思过半矣。"意思是，清廉为官是为官者必须恪守的准则和根本，要想保持廉洁，首先是做到能忍，忍住私欲私心，不贪非分之财，若能领悟到这一点，也就参透了一大半为官之道了。

孔子曾在鲁国担任宰相，他在任期间，对于鲁国官场上的腐败之风深恶痛绝，于是明确告诫各级官吏："为官之道，当以廉示忠，以绩示能。"

在担任大司寇（相当于今天的最高检察院检察长）期间，对于少正卯之类的贪官污吏也进行了一番整治，铁面无私，毫不手软，使得各级官吏无不胆战心惊。鲁国官场一片清明，很多原本想借助自己的职位谋利的官员不得不收手，不敢再有违法乱纪的念头。

在孔子看来，廉洁是对国家和人民忠诚与否最首要的体现。无论身在何种职位，党员干部都要始终洁身自好、以身作则，在平日里的工作中坚守原则、遵守法纪，消除对身外之物的贪婪之心，主动远离各种诱惑，常把自己置于干净、清白的环境之中，久而久之就会自然而然地持正守廉了。

廉洁好似党员干部的"精神钙片"，是确保党员干部队伍清清白白的原动力。在公职岗位上，党员干部绝不能迷失方向，那会严重地影响党和国家的形象，败坏社会风气，也会让自己的人生最终崩塌。由此，党员干部务必要注重操守、珍惜名节，做到干净为政、廉洁为政。

丁宝桢是晚清名臣，他一生清廉刚正，恪守为官之道，在任期间致力于为民谋福、为国出力，无论是任职山东巡抚期间，还是任职四川总督的十年间，均政绩卓著、深得民心。在抢修黄河贾庄口工程时，原本要用去 98 万两白银，但丁宝桢厉行节约，只用了一半的银两就完成了工程。

朝廷拨款4万两作为奖励，但都被他用于贵州的道路和桥梁建设了。而让人吃惊的是，他作为朝廷重臣，到了晚年居然还要借债度日。病危时，他意识到无力偿还债务，便向朝廷奏明：“所借之银，今生难以奉还，有待来生含环以报。”他去世后还是靠“僚属捐送赙金”才入土为安。

廉洁奉公的他在世时留下家训，名为《丁文诚公家信》，主要是教导在外做官的儿子的十二封亲笔家信。其中便有对为官之道的阐述，比如：当官要有操守和品德，要做到处境越是不堪，越能够拥有坚强的意志；面对诱惑要坚定，不义之财不可取；要从脑海中彻底剔除“利”字，把清廉自守、无私为民作为为官的准则；如果想做一名深受百姓拥护、爱戴的好官，就一定要以清廉自守为根本，不能与官场之中那些泯灭良心、穷凶极恶之辈为伍……

其中“至做官一事，原是讲求做事”“以爱民养民为第一要事”“尔既作知府，持心须公正，操守须廉洁”等训诫之言对今日做人为官均有借鉴意义。

坚定信念、勤政务实、廉洁自律是从古至今为官者始终坚守的“官道”，当下，为民服务解难题、清正廉洁作表率则是党员干部在工作中的具体目标。

4. 坚定信念，坚决抵制腐败

党廉则政清，政清则国兴。一个党派是廉是贪，是由组成它的每一名党员干部的政治底色决定的，而一个国家是否兴盛发达，也可以从它的干部队伍上一窥究竟。作为党员干部，角色便是定位，这份职责代表了他们是以一党，甚至一国形象示人的，所以一旦他们思想滑坡，行为错乱，做不到拒贪防腐，便会给组织抹黑，有损国家形象。

反腐败没有选择，必须知难而进。如何做到知难而进？这就要求党员干部必须有坚定的信念，有坚决与贪污腐败斗争到底的勇气和决心。政治定力不足，未能贯彻全面从严治党方针，人前人后两个样，口是心非、言行不一，是绝无可能从根本上正风反腐的。

薛某在上任之初便表现出廉洁的作风，无论大会小会，他总是大谈特谈廉洁、拒贪，讲到动情之处还会掉下眼泪，这让在场的其他党员干部无不感动万分。他还提出了“一个‘廉’字值千金”的口号，并为自己定了两个原则：不取不义之财，不做人情工程。

可是，说得天花乱坠的薛某在此后的两年中忘了党员干部的初心，没能坚定信念，抵制腐败，终因贪污3000多万元而被判处无期徒刑。更让人震惊的是，他的贪腐恶行之所以被揭穿，是因为与他人分赃不均，对方宁可暴露身份也要举报薛某的罪行。

在被查之前，薛某如同当地的“土皇帝”，对于企业老板的请求基本来者不拒，他为此放出“豪言”：“我本事大，人脉广，什么资源都有，不管什么事情，经过我的运作没有办不成的。”在权力中迷失的他也因此变得越发贪婪，什么党性原则、廉洁思想，早就被抛到了九霄云外。

最终，未能坚定信念的薛某为自己的所作所为付出了代价，亲手断送了自己的前程。

薛某原本可以在自己的岗位上做出更大的成绩，为党和国家、人民做出更大的贡献，但终因没能坚定信念，思想发生了动摇，丢掉了为人民服务的初心，把手中的权力当成了为他人行方便、为自己谋私利的工具，这样的错误认识和认知，也令其原有的思想信念慢慢地土崩瓦解，最终倒在了物欲面前。

“一丈夫兮一丈夫，千生气志是良图。”党员干部没能守住心中之“志”，也就很难坚守信念，一旦外在腐败渗透进来便会难以抵挡。那么，党员干部在平时的工作中，要如何做到坚守初心与信念，有效地把腐败拒之门外呢？

首先，秉持廉洁奉公的初心。党员干部要明白，一个人的权力越大，责任也就越大，身居高位更应该淡泊名利，把作为党员和国家干部的品格发扬出来，处处为民着想，处处办事以公。

其次，兢兢业业，一心扑在工作上。这并不是要求党员干部必须成为“工作狂”，只是要在工作中脚踏实地，为百姓办事时真心实意，以解决实际问题为初衷，如此便能把更多的精力用在正确的地方，也就会自动远离贪腐泥淖。

最后，武装思想，加强学习。党员干部要时时提醒自己做一名合格的共产党员。同时，在学习政治理论之余，也要严格执行党的各项廉政建设规章制度，在思想上筑牢廉洁防线，稳步提升自己的政治素养，浇灭一切贪腐火苗。

于强，是常州市纪委原副书记、监委原副主任，他的为官之路尽显廉洁。2014 年，他的父亲病逝后，他便把母亲接到自己的家中照顾。他住的是以前的旧公寓，没有电梯，只有两个房间，母亲住一间，妻子、女儿挤住一间，而自己则在客厅沙发上睡了一年多。

在这所老房子里，于强一家三口住了近 20 年，要不是把母亲接来，他们还会继续住下去。母亲腿脚不好，上下楼不方便，于强和妻子经过商量，贷款买了一套清盘的尾房。

后来于强生病住院，市委办公室考虑到他的家庭情况，便派人每天给他送饭。于强坚决不占公家便宜，要求司机把自己的饭卡带回单位去刷，并说："吃多少刷多少，顺便买些茶叶，给大家泡茶喝。"

公私分明、不腐不贪的他直到生命的终点还在叮嘱家里人："绝不能向组织提要求、给组织添麻烦，我的病没有治疗价值了，就不要再浪费公家的钱了。"

于强用自己的一言一行践行着廉洁从政，也用生命诠释了什么是身在脂膏之中却不取分毫。

与上文中大谈廉洁而行动上却与清廉背道而驰的薛某相比，于强可谓廉洁典范，他的不贪不占、廉洁自奉，为广大党员干部作出了表率。归根结底，是因为于强有一颗为民、为国的廉心，不希望"私事"干扰"公事"，不愿意让"小家"搅扰"大家"。

党员干部要严把廉洁信念这个总开关，坚决杜绝在德行上栽跟头，要担起党和人民的信任，主动祛除不正之风、不做不法之事，遵从内心的良知，并切实地用好法律这一戒尺，在任何时候都不能突破政治底线。

5. 常怀律己之心，方能行有所止

律人先律己，正身先正心。一个人要想让他人信服，首先自己要做到“行有所止、言有所戒”。从正风反腐的角度看，党员干部只有自己剔除私心、私欲，做到不该说的不说、不该吃的不吃、不该拿的不拿，才能以此约束和要求他人。

律己的根本在于自省、慎独，也就是不但在别人看得见、听得到的地方光明磊落，在他人看不见、听不到，即一个人独处时仍然可以做到谨小慎微。这份谨慎会让一个人在说话、做事时最大限度地把握尺度、掌握分寸，这同时也是广大党员干部在生活中和工作中应当奉行的原则。不要认为自己身居公职、要职便高人一等，退一步讲，一旦产生这样的不良观念，就很难做到约束自己的言行，也就会离廉洁、公正越来越远了。所以，时刻绷紧廉洁神经，时时自省自查，培养自己的“敬畏观”，不为杂念所扰，不为名利所累，自然会在廉政建设的路上走得更远、更稳。

战国时期，田氏后裔第五伦，是一个对自己有严格要求的人。他早年做过乡里啬夫和京兆尹的主簿，后来被汉光武帝刘秀擢升为扶夷县令、会稽郡太守、蜀都太守。到了汉章帝时期，他更是位列三公，任职司空。

位高权重的第五伦享有丰厚的俸禄，可他从不骄奢，反倒在生活上十分节俭。他任太守时，常常亲自割草喂马，他妻子也自己下厨房做饭。每次领到俸粮后，第五伦留下一部分家用，其余的都会或赠予或低价售卖给更贫苦的百姓。位列三公之后，他还是依然如故，上朝所乘的是一辆瘦马拉的旧车，平时也都是步行出门，穿布衣、吃糙米。

第五伦能够如此俭约自守，有赖于他常常对自己进行剖析和批评，换句话说，他是个能够律己以正身的人。

一次，有人问他："您总是秉公处事，难道真的一点私心都没有吗?"第五伦诚实地回答："有。"又说："之前有人曾给我送来一匹千里马，虽然我当时没有接受，可心里始终惦记着那个人。每到三公选拔人才时，我就会想起他。最终那个人并没有被录用，但这已经说明我有私心了。再则，我侄子生病时，一晚上我会去看十多次；等我儿子生病时，我竟然因为有一次没去看他而辗转难眠。倘若是别人家的孩子生病，我或许是不会这样的，这难道还不能说明我有私心吗?"

身居高位的第五伦能够承认自己有私心，这本身已是难能可贵，这也表明他常常自省自警，对自己有严格的要求。

党员干部要想做到严格要求自己，就必须自觉抵制种种不健康思想和现象，从内心拒绝拜金主义、享乐主义，上紧廉洁发条。

在物欲横流的社会，保持律己之心更具非凡的意义，这也对身份特殊的党员干部提出了更严格的要求。"物必先腐而后虫生"，党员干部要想做到严于律己，务必要在清正、清明和清白上下功夫，这样才能在关键时刻和遭遇大的风险或挑战时经得住考验。具体说来，党员干部可以从以下三方面锤炼自己的律己之心。

第一，树立正确的三观。

每个人都有因内在环境和外部条件共同作用而形成的世界观、人生观和价值观，三观正确与否，直接关乎一个人在社会上有怎样的表现，对党员干部来说，三观的意义更大，因为他们手中握有权力，一旦三观发生扭曲，带来的危害也是全方位的，轻则自身及家庭遭殃，重则对他人乃至于整个社会造成巨大伤害。因而，加强道德修养、锤炼党性修为、坚定理想信念就显得无比重要，因为这会确保党员干部作风建设永远“不歇脚”“不断线”。

第二，克己奉公，坚定立场。

党员干部对自己的约束往往并不表现在大是大非方面。越是细枝末节越会导致他们“阴沟里翻船”，这是因为不起眼的小事总会让人忽略，可它却是导致一名廉官蜕变成“巨贪”的强大动力。

抽丝剥茧，我们可以发现，一些党员干部之所以容易在小恩小惠上栽跟头，根本原因就在于他们缺乏克己奉公的信念，不能坚定立场，不善于或根本无意对小利小惠说“不”，试问这样的党员干部又如何能抵挡住一波又一波的“糖衣炮弹”呢？当藏匿在光鲜表面的蝇头小利频频袭来之时，他们也只能束手就擒，毫无招架之力。

因而，严以修身，保持务实作风必须成为党员干部的修身课，唯有持续提升道德修养、培养高尚的情操，自觉抵制腐朽的思想文化的侵扰，才能一步步远离违法乱纪之路。

第三，常葆敬畏之心。

人人都应有一颗敬畏之心，不知畏则会变得狂妄自大、恣意妄为。党员干部尤其如此，一旦对事对人缺乏敬畏心，即会我行我素，滥用手中职权，还会肆意地借助手中权力为己谋利，时间一长，会逐渐滑落到腐败的深渊，无法自拔。

律己是一种美德，更是一种修养。党员干部有了律己之心，在处事上就会遵从自己的内心良知，从而做到不为欲望所左右。

杨震是东汉时期的一名廉官，他在荆州做官时挖掘出了颇具才华的王密，使推举后者当了昌邑县令。后来，杨震成为东莱太守，在赴任途中经过昌邑。王密得知后，便想起了当初杨震对自己的知遇之恩，晚上趁着四下无人，怀揣黄金到驿馆去见杨震。

两人相见，彼此寒暄了一番之后，王密便从怀中拿出黄金，以表谢意，表明这些黄金权当是盘缠。杨震见状，不由得震怒，当即拒绝。王密劝说道："现在是晚上，四下无人，不会有别人知道的。"

杨震一听，正色道："天知，地知，你知，我知，怎么能说没人知道呢？"王密听罢，羞愧地离开了。此后，杨震也有了"四知先生"的称谓。

后来，杨震又去往涿州任太守，依然像以前一样公正廉洁，律己正心，从不接受私下会见。一些亲朋长辈见他的儿孙总是粗茶淡饭，出门无车可乘，就劝他给儿孙留些财产，杨震不以为意，说道："让后人都称赞我的子孙清白廉洁，把这个留给子孙，不一样很丰厚吗？"

古往今来，清廉之士总会以各种方式向我们展现什么是真正的克己、律己，他们正因如此才能做到从心而行，行有所止，始终坚定不移地保持高尚的风范，成为后世所敬仰的廉洁典范。

6. 系牢自律的“安全带”

如果把党员干部的从政之路比喻成一条高速公路，那么他们手中的权力则是一辆飞速疾驰的汽车，而自律无疑是一条确保他们人身安全的“安全带”，系不紧、系不牢这条安全带，他们是无法平稳地抵达终点的。甚至于，一旦他们的“汽车”上没有这条安全带，那么他们在飞驰的过程中很快便会“车毁人亡”。

时下，不少党员干部都缺少这条可以保证人身安全和个人“政治生命”的安全带，他们并未认识到它的重要性，更有人轻描淡写地表示，只要平稳驾驶，又怎么会因为区区一条“安全带”而偏离轨道，或是车毁人亡呢？

诚然，党员干部队伍中不乏一些自律不足且依然平稳前行的人，但这并不意味着他们在遇到更大的诱惑即前途变得越发光明之时，能够忍受住疾驰的渴望。一旦思想松懈，只顾加大油门，忘了自己没有自律这条安全带，后果是可想而知的。因而，管住自己的手脚，扶好用权“方向盘”，系好自律“安全带”，增强纪律意识、规矩意识，才能确保不会在“高速公路”上发生意外。

宋代御史中丞刘温叟，在任十二年间始终廉洁自律，在周围人心中树立起了良好的廉官形象。

作为御史中丞的他，还同时兼任判吏部铨（官名），主要负责选拔和监察官员，可谓权力巨大。一次，一个年轻人来拜访他，说是他的学生，特地运来一车粮草给他。

刘温叟知道对方肯定有事相求，便当即推辞，可对方执意留下，他也只能暂时收下，不过却马上回赠给对方一套华美的衣服，价格远高于那车粮草。年轻人见自己无法达成目的，也就只能把粮草拉了回去。打那以后，再也没人自讨没趣地给刘温叟送礼了。

后来，晋王赵光义也曾给刘温叟送过五百贯钱，刘温叟并不想要，但送钱的人说这是晋王的命令，刘温叟只得收下，并让手下人保存好放在书房。

次年端午节，赵光义又派那个人送给刘温叟一些粽子和执扇，那人看到去年送的钱还放在那里没有开封，回去后便告诉赵光义。赵光义不禁感叹道："连我送的钱都不用，更何况别人送的呢？之前他之所以接受，是因为不好意思拒绝我，如今过了一年还不开封，足见他的廉洁。"于是下令把赐给刘温叟的财物全部收回。

廉洁的人都有极强的自律意识，他们能够管住自己的手，不去拿不属于自己的东西，更不会贪占任何财物。

清代著名理学家、教育家朱柏庐说："勿贪意外之财，勿饮过量之酒。"这里的"意外"和"过量"都属于额外的部分，是人们贪多求大才能获取的，不属于本应获得的分量。从这个角度看，认清自我就显得格外重要。认清自我是自律的前提和基础，一个人只有认清自我，知道自己应该得到的分量，才不至于有那么多的"意外"和"过量"，这也可以看成是自律的至高境界。

吴波曾担任财政部办公厅主任、副部长、部长，几十年来一直从事财务工作。他是党员干部群体中廉洁自律的榜样，始终绷紧“廉洁弦”，从不居功自傲，也不搞特殊化。

20世纪50年代，他住进了四合院，后来房子的墙壁出现裂痕，单位和房管所想给他修房子，他却说：“我是管钱的，现在国家经济有困难，许多人居住条件都很差，我的房子能住就行了，应当先给别人修。”

后来他当上了部长，按规定需要配备新沙发、宽大的办公桌和电风扇等家具，但他坚决不同意，对行政处的工作人员说：“我家里的东西一切照旧，什么也不要给我。需要什么东西，我可以自己解决，你们要多关心下面的同志。”作为部长的他，除了领取自己的工资，从没有贪占过公家一分一毫。

廉洁自律的吴波，对家人也一样提出了高标准、严要求，不允许他们从自己这里走后门，更不会利用自己的权力为战友的子女行方便，他时常教导孩子们：“路要靠自己走，不能靠父母。”

吴波把自律这条安全带系得很牢，不但自己系得牢，也系牢了后代的安全带。在他的影响和教导下，四个儿子中有三人一直在外地工作，且都扎根于艰苦的地区。

吴波的事迹为广大党员干部提了醒，在生活中和工作中，党员干部要有意识地自我克制，正所谓“每日三省吾身”，党员干部要时时以先进模范为标杆，衡量自己、对照自己，清廉自守、洁身自好，做到在困难面前不动摇、在诱惑面前不低头。

第二章

拒贿防贪，保持人民公仆本色

“堤溃蚁孔，气泄针芒。”一些党员干部之所以贪污腐败，往往是从“不拘小节”开始的，认为小利小惠并不足以将自己击倒。久而久之，不懂慎微的他们也忘记了慎独自省，更失去了“廉耻心”，慢慢地便会对他人的送赠照单全收，彻底忘了自己的身份和角色，更把“权为民所赋，权为民所用”的准则抛诸脑后，如此又怎能担起“公仆”二字呢？

1. 知耻拒贪，廉则生威

知耻拒贪是一种可贵的精神品质，党员干部要有一颗“知耻心”，知耻而不行恶事，有了这颗廉耻心，在从政过程中就不会肆意妄为，把公权私用，为自己行方便。

古往今来，先哲圣贤都把知耻当成一种修身的至高境界。孔子的弟子问他“士”的标准，孔子回道：“行己有耻。”孟子对此也有自己的看法，叫“无羞恶之心，非人也”，由此可见古人对于“知耻心”的看重。

有些党员干部恰恰不知“耻”为何物，知耻意识淡薄，只顾贪图享乐，在其位不谋其政，或是滥用职权，大搞钱权交易、权色交易，继而走上违法犯罪之路。这都是典型的不知耻的表现。

耻与廉紧密地结合在一起，换句话说，拥有知耻心，便不会产生过多的贪念、过重的私欲，也就会主动拒贪反腐，从而因拒贪以生廉，因清廉以生威。

明朝官员年富是一个刚正不阿、廉洁奉公的人，为官期间，十分重视维护百姓的利益，在中央任职时清廉刚正，敢作敢为。在任陕西左参政时，他考察了当地的实际情况，发现当地百姓有着很重的赋税担子，于是马上上疏请求朝廷恢复原来的标准；此外还发现不少戍边将领侵占良田，便奏请皇上让他们缴纳相应的赋税。

他的一系列举动既平衡了当地的收支，也极大地缓解了百姓的困苦。

公正廉明的年富，以一颗正直之心为国为民，也由此树立起威严。他每每都是亲自参与核算，严格收支，且廉洁自律，使得属下没有敢隐瞒的。正是得益于一颗廉洁之心，他才在同僚下属遇到不敢处理的重大事项时敢于担责，他说："你们尽管放手去做，有任何问题都由我来承担。"

《官箴》中云："公生明，廉生威。"公正廉明的官员自带威严，总会"不令而行"，这是因为他们有一颗清正无畏的心，这也是一颗知耻心。

纵观那些欺上瞒下、满嘴谎言的为官者，他们最终留给世人的只有一副谄媚的嘴脸，且不说官场同僚对其嗤之以鼻，就是后世寻常百姓对他们也只有恶评。归根结底，他们不公不廉，也就不会知耻知辱。

今天的党员干部，要想拥有一颗知耻心，做廉洁自奉、克己奉公的好干部，首先要做到自重，在工作中要清楚自己的身份、地位，做干净人、办老实事；其次要做到自省，时时检验自己的言行，剖析自己的思想和行为，要有为了党和国家、人民的利益及时改错、斧正思想的观念，从而戒奢拒贪、以廉生威；再次，要做到自警，即时刻保持警惕，远离或改变容易腐化思想的生活方式，并要在各种诱惑和原则性问题面前保持高度的责任意识；最后，要做到自励，即自我激励和鞭策，在做出一些成绩后切勿沾沾自喜，要始终坚定不移地永远把为党和国家、人民服务作为第一要旨。

有了这四个方面的自我提升，党员干部便会自然地拥有一颗知耻心，也就可以因此而拒贪防腐，以廉生威了。反过来说，不廉洁的党员干部很容易产生贪心，即没有知耻心，也就自然做不到自重、自省、自警和自励了。

某市交警支队民警尹某，原本是一个在工作上勤勤恳恳、对生活充满热情的好民警，他曾有勇救落水妇女、赤手空拳与持刀歹徒搏斗的经历，是警队中的典范。然而，他终究没能保持初心，一步步坠入了腐化堕落的深渊。

作为基层民警时，尹某一心为公，从不计较个人得失。随着在工作中所做的成绩越来越多，他的内心开始发生变化。曾有人为表感谢送给他一只羊，他经过一番思想斗争后便收下了，之后他逐渐意识到自己可以凭借“成绩”享受应得的“奖赏”。后来，更是毫不犹豫地收下他人行贿的100万元现金。

此时的尹某对自己手中的权力也有了新的认知，看到周围那些说得多、干得少的人都过着更光鲜的生活，购买价值昂贵的衣物、用品等，他也萌生了享受的念头。他觉得自己的贡献比别人多，为什么要过得那么辛苦？这种扭曲的心理不断地刺激他，让他变得越发膨胀、贪婪起来。

当被提拔为市交巡警支队队长后，他在贪腐上变本加厉，忘乎所以，思想防线彻底崩塌，对于行贿受贿更是不以为耻、反以为荣。最终，他被有关部门查处，为自己的贪婪付出了巨大的代价。

抵住诱惑，也要耐住寂寞。如今的社会有太多诱惑，对每个人都会产生心灵的冲击，更何况手中掌权的党员干部在一些居心叵测的人眼中是块“肥肉”，他们会使出浑身解数，设法把党员干部拉下水。在这种关键时刻，党员干部若忘记“来时路”，没有了警惕心、自律力，也就会失掉知耻心，且不说还是否能够以廉生威，或许保证不贪都难于登天。

广大党员干部若要成为为民服务、勤政务实、敢于担当、清正廉洁的好干部，就必须打起十二分精神，擦亮双眼，时刻保持警惕，树立正确的荣辱观，要以贪为耻、以廉为荣，如此便能理直气壮地面对一切不法之人、不法之事。

2. 清白做人，干净做事

孟子云："仰不愧于天，俯不怍于人。"这句话道明了一个人在世间所行所举的"标准"。

清代嘉庆十九年（1814年），陶澍在升任江南道监察御史时，在官署厅堂自撰了一副楹联："要半文，不值半文，莫道人无知者；办一事，须了一事，如此心乃安然。"这副楹联不但展现了他的才情，也把他的律己和清白做人的心志表达了出来。郑板桥也曾写下"心清水浊，山矮人高"的楹联，既表达了自己为官清廉、心底纯洁的大义，也表明自己绝不与贪官污吏同流合污的志向。归根结底，这些清廉之士都希望清白做人、干净做事，他们内心纯洁不污，也就没有什么能够污染他们。

据说，在广州郊外二十里处的石门有一眼清澈见底的泉，可谓远近闻名。当时有一位名叫周清的廉官，他喝过泉水后，觉得泉水甘甜清冽，于是便每天都派人去石门打来泉水供自己饮用。

谁知，三年之后，周清却从廉官变成了贪官，后来，当地人便把这眼泉称为"贪泉"，说但凡喝了泉水的人都会变得贪婪无比。

从此以后，喝了“贪泉”之水会产生无尽贪欲的传闻越传越玄，致使很多到广州上任的官员避之唯恐不及。

东晋名士吴隐之志向高远，一身正气，当朝廷决心整治广州吏治腐败时，便把他调到了广州。吴隐之在赴任途中听闻了“贪泉”，执意前往，身边人马上阻拦，但吴隐之依然去了。

到了“贪泉”边，他发现泉水清澈见底，舀来一些喝下顿觉甘甜清冽，精神不由得为之一振。他笑着对身边人说：“清廉的人喝下泉水也不会变成贪浊的人，而贪浊的人就算不喝泉水也一样贪浊啊!”随即，他还留下了一首《酌贪泉》：“古人云此水，一歃怀千金。试使夷齐饮，终当不易心。”

上任后，吴隐之处处严格要求自己，廉洁自奉，克己复礼，改变了广州吏治的腐败局面。

拥有一颗干净的心，自然不会做污浊之事，也就不可能由廉变贪。那个怪喝了“贪泉”水而产生贪念的官员，实际上是因为其本心不够廉洁，“贪泉”只是他贪婪的借口。可笑的是，那些自以为廉洁的官员，听了“贪泉”的传说后，居然也不敢喝下泉水，这只能说明他们心中“有鬼”，简单点说，他们本身就不是真正的廉洁之士。

今天的党员干部，要学会清除内心的过度欲望，切勿让外物支配自己的思想和行为，要在面对名与利时做到心如止水，把心思和精力花费在如何为民谋幸福上，把自己的欲望关进牢笼之中，久而久之，就会在诱惑面前管住手脚，达到自身正、自身净、自身硬的境界。

党员干部在成长的路上总会时不时地站在各种各样的十字路口，一旦不能做出正确的抉择就会走上歧路，继而酿成苦果。

陈某在一所知名大学毕业后，又经过几年的学习成功取得博士学位，后来进入某市建筑科学研究所工作。2016 年，他开始担任市委书记。

上任之初，陈某秉持求真务实、廉洁从政的原则，还多次在公开场合声明要“清白做人，干净做事”。2021 年，陈某辞去市委书记一职，开始担任省人大常委会党组成员。次年，成为省人大常委会副主任。

谁能想到，这样一位身居高位，且常把“廉政”挂在嘴边的官员，却在城建领域贪污受贿。当他落马时，很多人都唏嘘不已，他当初在市廉政工作会议上强调的“树正气、重监督、敬畏组织、敬畏人民，自觉把政治纪律和政治规矩挺在前面，始终做到忠诚、干净、担当”的话语至今每个人都还记得。

经查实，陈某在职期间，多次利用职务之便为不法之徒炒房提供便利，并涉嫌违规套取信贷资金。最终，他不得不为自己的“污浊”承担法律的责任。

清廉，是中国千百年来传承下来的为官传统，它要求为官者必须清清白白、干干净净，面对诱惑和利益时要以清廉为镜。

党员干部必须引以为戒，要意识到自己的身上承载着党和人民的期盼，越是面对复杂的环境和权钱的诱惑，越要牢记党的使命与任务，切勿贪恋权力带来的愉悦，要谨记一心为公、全心为民的宗旨，锤炼自我、沉淀党性，始终把清白做人、干净做事当成自己为官之路上的道德风向标，唯有坚定不移地坚守这一底线，才会远离官场“尘埃”，守住内心的一方净土。

3. 谦虚谨慎，戒骄戒躁

张居正的《赠毕石庵先生宰朝邑叙》中云：“惧则思，思则通微；惧则慎，慎则不败。”意思是，一个人会因为心存敬畏而多加思考，思考会让人了解一切；心存敬畏便会谨慎，谨慎便会事事成功。一个谨慎的人也会是个细心、不草率的人，反之亦然，这样的人在人际交往中也会处处谨小慎微。

党员干部在工作中要经常给自己的思想“洗洗澡”，不要总觉得自己“没问题”，自我感觉良好往往最容易滋生大问题，或者说，在问题出现时才想着补救，很可能为时已晚。所以，谦虚谨慎应当成为党员干部的心灵必修课，要永远保持空杯心态，多去倾听群众的呼声。

当党员干部能够认识到自己的缺陷和短板，保持谦虚谨慎的心态，就会戒骄戒躁，扎根于基层，真正地与人民群众站在一起，做事遵从内心，不走过场、不做虚功，把群众路线越走越宽。

历史的教训告诉我们，谦虚谨慎才能不骄不躁，正视自身不足，从而不断改进自我、完善自我、提升自我。

京剧大师梅兰芳曾拜齐白石为师，学习书画。虽然他是京剧名家，但是为人非常谦虚。跟着齐白石学习时，他亲自为老师铺纸研墨，毫无骄躁之气。

有一次，梅兰芳和齐白石一起受邀去别人家做客。齐白石到场后，看到在场的宾客多身穿西装或是长马褂，相比之下，他的衣着显得有些寒酸，便在一个角落坐下。

梅兰芳到场后，主人一脸笑意地迎了上来，其他宾客也都围了过来，与他一一打招呼。梅兰芳知道老师齐白石也会来，便四下张望，最后发现老师独自坐在一个角落里。他快步走了过去，毕恭毕敬地叫了一声“老师”，又问候了几句。此时，在场的宾客都非常惊讶，齐白石也很受感动。

谦而不骄的梅兰芳除了拜大师为师，也会拜普通百姓为师。有一次，他演出京剧《杀惜》，台下观众拍手叫好，只有一位老者不住地摇头，说他表演得并不好。梅兰芳见状，没卸装便让人把那位老者接到家中，以上宾之礼相待。之后，他虚心地请教道：“说吾孬者，是吾师也。先生言我不好，必有高见，定请赐教，学生决心亡羊补牢。”

老者说：“按照梨园的规定，阎惜娇上下楼的台步是不同的，为上七下八，博士却正好相反，上八下七。”梅兰芳一听，马上连声道谢，尊称老者为“老师”，此后经常请那位老者去看他演戏。

“满招损，谦受益。”谦虚是一种美德，保持谦虚更是难得的人生态度。党员干部在历史发展的大势中，要始终坚定信仰、牢记初心使命，并永葆谦虚谨慎、不骄不躁和艰苦奋斗的作风。

《大学》中云：“心浮气必躁，气躁则神难凝，不成大事，贻害无穷。”习近平总书记早在浙江工作期间便在《之江新语》一书中告诫广大党员干部：“浮躁祸国殃民，贻害无穷，必须戒此顽疾。”人心的浮躁源于不够理智，急功近利也就很难保持谦虚的心态。一些青年党员虽然保持着对工作的热情，也很有冲劲，但这恰恰容易滋生浮躁情绪，因为他们想更快地做出成绩，所以在工作中就会不可避免地为了凸显自己而心浮气躁，这是不利于长久发展的。

党员干部作为社会主义事业的接班人和建设者，一定要戒除浮躁心理，时刻提醒自己为人民服务是第一要旨，要致力于解决关乎人民群众的问题，这样就更容易把矫揉造作、盛气凌人和飞扬跋扈的作风逐步消除。为人民服务是一个长久的过程，也是一项长期的事业，靠着三分钟热血是不可能真正做好、做成的。

党和国家领导人一再告诫我们，不管取得怎样杰出的成绩，“务必保持谦虚、谨慎、不骄、不躁的作风，务必保持艰苦奋斗的作风”。那么，今天的党员干部要如何切实地做到谦虚谨慎，不骄不躁呢？

首先，自我约束。自我管理的过程也是一个人真正认识自我的过程，严格地约束自己，就不会轻易地对诱惑“起心动念”，会自觉地把自己与过度的贪欲隔绝开来。久而久之，便会拥有一个平和的心态，不会患得患失，更不会骄傲急躁。

其次，虚心好学。有道是“天不言自高，地不言自厚，以万物为参照，可洞观一己之不足”。古往今来，真正有本领、有才能的人通常都十分谦虚谨慎，而那些骄傲自大的则多没有什么大本事。

在现实中，有些年轻的党员干部自诩学历高、能力强，不喜欢听他人的建议，一副目中无人的姿态，这样的干部一旦被“有心人”盯上，对方便会大行阿谀奉承之举，令其忘乎所以，最终跌入万丈深渊。因而，党员干部，尤其是年轻的党员干部必须学会放低姿态，虚心学习，以弥补自身的缺陷，这样才能戒除骄纵之气。

再次，淡泊名利。“非淡泊无以明志，非宁静无以致远。”拥有淡泊的心境，才不会为俗世中的功名利禄所累，才会始终保持一种平和、谦卑、不争的心态，才会彻底阻断不法之徒妄想通过“糖衣炮弹”击垮党员干部筑造的廉洁堡垒的念想。当然，这里的淡泊并不是要求党员干部消除进取心，而是立足于岗位，以服务于党、服务于民为宗旨，在这样的大前提下做好自己的分内工作，不去妄想不属于自己的东西，不依靠不法手段攫取不当利益。

最后，巩固信仰。每名党员在入党之初就立下了“为共产主义事业奋斗终身”的崇高理想，那些思想出了问题的党员干部却不能固守这一理想信念，取得了一点成绩便沾沾自喜，职位获得晋升后更加肆无忌惮，开始用权力为个人享受保驾护航，试问这样的党员干部又如何能做到“镇静不躁”呢？他们的内心因为物欲而躁动不安，早已不知谦虚谨慎为何物。

因此，党员干部必须常常为自己的精神“补钙”，将国家前途、民族命运与个人荣辱得失牢牢地联系在一起，为实现中华民族伟大复兴继续奋斗，这是消除骄躁之气的根本方法，也是最行之有效的方法。

4. 廉慎为师，一身正气

东汉著名学者王逸在《楚辞·章句》中注释说：“不受曰廉，不污曰洁。”廉洁的官员从来都不会接受他人任何形式的馈赠，也就自然会“白璧无瑕”，不被污染了。廉洁是幸福之本，自律则是幸福之源，同时自律又有慎独自省的意思。党员干部若不能以廉慎为师，就很难在面对诱惑时守住底线，在衡量个人贡献与所得报酬时，心中的天平就可能会发生倾斜，随之就会出现不甘心、多抱怨的现象，这便为贪腐埋下了种子。时间一长，贪腐的种子在诱惑和利益的“浇灌”下生根发芽，人心就会变得贪婪无比，慢慢地就会堕入腐败的泥潭，终而被吞噬。更有甚者，还会连累自己的家人、朋友，试问这样的人又如何获得幸福呢？

以廉慎为师，是在帮助党员干部管住自己的手脚，绝不靠近贪腐的泥沼。

姚崇是唐朝著名廉官，也是历史上有名的“三朝宰相”——武后、睿宗和玄宗时期的宰相。他在政治上颇有建树，一心为民，虽然位高权重，但从不居功自傲，以权谋私。在唐朝发展到鼎盛时期时，他的官位也达到了巅峰，可仍然“牟廉勤之节，塞贪竞之门”，在生活上十分俭朴。

清廉的姚崇只领取朝廷的俸禄，没有任何“灰色收入”，所以虽然贵为宰相，却还是买不起京城的宅院，一家人只能住在偏远的郊区。

当时他每天都要早起去阁部办公，十分辛苦。那时候的交通条件有限，姚崇为了节省时间，便与一家佛门住持商定，将这间寺庙作为自己的临时落脚点。姚崇的这一举动让当朝的很多官员都十分钦佩。

同朝宰相源乾曜很有感触，他常常与姚崇一起商议国事，所以对于后者的情况非常了解。为此，他特地上奏唐玄宗，希望皇上能下旨让姚崇住在中书省的官邸，但姚崇拒绝了。

廉洁自律的姚崇对自己提出了很高的要求，也同样把自己一生尊崇的廉洁原则传递给了后代。他写下“尔以金玉为宝，吾以廉慎为师；尔以夜昏可纳，吾将暗室不欺”等诫文，告诫后人要持廉守节，厚德修身。

广大党员干部应该把廉慎当成修身之本、从政之基，坚决对影响党的形象、损害党群关系的行为说不，要以案为鉴，强化党性观念，带头开展自我检查、自我监督等行动，拒绝公款吃喝、公车私用等行为，以此营建和谐、健康的党群环境。

《潜夫论·卷三》中云：“修身慎行，敦方正直，法廉洁白，恬淡无为，化之本也。”我们可以把廉慎看成为官的尊严和境界，更要在新时代把它当成一面镜子，每一名党员干部都要用它来照出自己的缺点和纰漏，从而做个一身正气、两袖清风的人。

2011年度“感动中国”十大人物之一——公安部副部长刘金国，是一个清廉自守、一身正气的人。他在从政的30多年时间里，始终恪守“六个从不”原则：一是从不接受宴请，任何人都“请”不动他；二是从不收取任何人的礼物，不管是烟酒还是茶叶，一概不收；三是从不在“打完招呼”后再下基层，且只在食堂和路边小店吃饭；四是从不购买名牌衣物和奢侈品；五是从不允许家属乘坐公车，不管是顺路还是生病就医；六是从不以权谋私，他本人经手所办的“农转非”指标有近20万个，可一个名额都没落在家属头上。

廉洁的刘金国，因为大公无私，自然成了人们口中的清官。不过他也因为清廉而被一些人认为“不近人情”，甚至有些人觉得他的清廉是“装出来”的。对于种种质疑，他幽默地回应道：“有人说我‘装’，那我就‘装’到死。咱们共产党人都‘装到死’，不就成真的了吗?”

刘金国曾调任河北省公安厅副厅长，在搬家时，他的家当不过是一些旧家具、黑白电视机，以及一些蜂窝煤和大白菜。当时，厅里给他分配了一套住房，额外要缴纳4.6万元集资款，但他拿不出这笔钱，最后只能从银行贷款。他的身上穿着十年前买的大衣，裤子也都是单位发的警服。不注重享受的他，多年来始终无欲无求，真正做到了“官品胜金”。

在他当选为感动中国人物后，有记者去往他的老家探访，当看到刘家所住的房子墙壁都裂了缝，只用几张海报遮挡时，不禁感慨万千。如此廉洁、清正的干部，真真正正地为党员队伍树立了榜样。

清廉刻骨，法纪铭心。新时代的党员干部必须把廉慎作为为人处世准则，在工作中时时不忘为民请命，用清廉战胜贪欲，用正气驱散污尘，用理智支配欲望，在正风反腐这场没有硝烟的战争中占据主动权，彰显一名共产党员的本色和力量。

5. 礼贿之腐，我自远之

中国是礼仪之邦，自古就有逢年过节往来问候，送收礼物表达情感的习惯。这是传统礼仪，本来无可非议。只不过，这种美好的可以增进彼此情感的礼仪，却在一些别有用心之人的操作下变了模样、失了味道。

古往今来，有不少原本脚踏实地、奉公守纪的官员因为收受他人的礼物而一步步滑入腐败的深渊。不法分子正是利用了“礼尚往来”的传统礼仪，以小博大，先施以小利小惠，而后层层加码，让官员放松警惕和戒备之心，久而久之，让官员成了贪多求大的“大老虎”。本来遵法守纪的官员之所以会落入“圈套”，是因为他们的内心不够坚定，模糊了礼尚往来和违规收礼的界限，加之适当的人情成分，比如“咱们这是什么关系，别跟我客气”一类的亲昵话语，让官员卸下防备，欣然接受他人的礼物。

党员干部要时刻提高警惕，意识到小利小惠或许只是诱饵，它的背后往往藏着不易被察觉的大陷阱。所以，要学会主动拒绝打着礼尚往来旗号的小利小惠，不然很快便会陷入腐败的泥淖。

贺某出生在一个教师家庭，一直感受着“庆远世泽、爱莲家声”的家风熏陶，父母也总是用“不拿公家一粒米一根线，清清白白做人”来教导他，这些都对贺某产生了积极的影响。在学生时代，贺某奋发向上，刻苦读书，一步步从农村娃成长为一名正科级干部，成为区党工委副书记、社区主任和安监局副局长。

在仕途上，贺某可谓顺风顺水，但也正因如此，他开始迷失自我，逐渐丧失了一名共产党员的本色，也把父母当初对他的教导抛诸脑后。当他尝试着把手中的权力“变现”之后，很多搞工程的老板盯上他这颗“变了味的鸡蛋”。这些别有用心之人开始屡屡约贺某外出“潇洒”，吃饭、喝酒、喝茶、泡温泉……所有的安排都是“免费”的，这让贺某非常受用，觉得自己这个官做得很“值得”。

随后，思想发生变化的贺某胆子也越来越大，觉得自己并不比那些老板低一头，吃他们点、拿他们点理所应当，毕竟自己多次为他们开绿灯、行方便，所以收受他们的“小意思”也成了常态。

最终，贺某所收受的那些“小意思”变成了把他送至监狱的“大祸害”。经查实，贺某在职期间，以为他人谋取利益为条件，先后收取他人财物折合人民币 17 万元，而这已经构成了受贿罪，最终他被依法判刑。

他在忏悔书中写道：“我的犯罪教训十分深刻，我也意识到身为一名干部必须要管住自己的腿，管住自己的嘴，更要管住自己的手，因为伸手必被捉，我的这份经历也告诫他人，人生没有回头路，必须慎之又慎。”

“礼贿不分”，是导致很多党员干部“跌倒”的直接原因，他们误把不法分子的贿当成了礼，认为对方只是在逢年过节这样的特殊时段表达个人的情感。不过，需要明确区分的是，礼尚往来除了礼本身，也有“往来”。正常的礼尚往来，通常是指双方之间长期交往，由此产生数额较小的礼金，并且是双方相互赠送，金额大致相当。绝非一方送礼，另一方只负责“笑纳”。

因此，从这个角度看，那些跌落马下的党员干部所理解的礼尚往来集中表现在对方给予礼，而他则给予对方“方便”，这种不健康的交换自然是以权谋利的行为，是严重的违法违纪。党员干部有必要提高警惕，意识到违规收礼、送礼的行为，在不经意间就会演变为钱权交易的受贿行贿行为，从而令自己陷入万劫不复之地。

为官唯廉，从政唯勤，处事唯公，做人唯实。党员干部务必时刻高悬法纪利剑，对他人送礼之举提高警惕，坚决抵制庸俗的礼尚往来，不让私情污染党纪国法，洁身自好，才能永葆一颗纯净的心灵。

周新是明朝时期广东南海人，洪武年间，以诸生身份进入太学，官至大理寺评事（官名，职责是判案），他善于审案，有“冷面寒铁”的美誉。

在任职浙江按察使时，有个人打算求官，便带着一只烤鹅来找周新。周新对送礼者说：“我有不收礼的规矩！”送礼者一听，把烤鹅放在桌子上便夺门而出。周新并没有因为送礼者离开而收下烤鹅，在他看来，一只烤鹅如同百金，收下后与受贿无异。于是，他命人把烤鹅高悬于屋后，以后但凡有人来送礼，他便让家人带着来人去看那只早已风干了的烤鹅。此后，再也没人自讨没趣了。

与“周新悬鹅”如出一辙的是东汉灵帝时期的“羊续悬鱼”。当时羊续在河南南阳任职太守，当时属下府丞送给他一条鱼，并言明鱼是自己打捞的，不是买来的，希望羊续品尝一下。羊续虽然收下了鱼，却让家人把鱼悬挂在庭檐之下。没过多久，府丞再次给羊续送鱼，羊续便带他来到庭檐之下，指着那条鱼笑而不语，府丞见状，灰溜溜地离开了，从此以后，再也没有人给羊续送过礼。

不管是“周新悬鹅”还是“羊续悬鱼”，所表现出的都是一名廉洁官员应有的举动。“不受无功之物，不理无礼之举，不见无德之人”的廉政观，应当成为今天的党员干部始终恪守的从政思想。

6. 尽小者大，慎微者著

“尽小者大，慎微者著。”这句话出自《资治通鉴》，意思是任何事情都要从大处着眼、小处着手，这样才能有所成就。在正风反腐的工作中，党员干部要以此来约束自己，即防微杜渐，不管是立身处世还是履行职责，都要重视细节。

无论是重小处、重细行，还是重微末、重毫厘，都是中华文化中修身养性方面的重要内容，更是现如今广大党员干部必须恪守的行为准则。正所谓“不矜细行，终累大德；为山九仞，功亏一篑”，在廉洁上要重细行，在贪腐上更要看重细枝末节。很多落马的官员正是因为无法断然拒绝小利小惠，才倒在了腐败的泥潭之中。

《管子·权修》中云：“微邪者，大邪之所生也。”即任何微邪、小恶之中往往隐藏着大邪、大恶，所以必须提高警惕，绝不能掉以轻心。

古往今来，很多廉官正是因为能够扼住微邪、小恶，才能够永葆清廉之色，为后世所敬仰、赞叹。

康熙年间的陈瑸是一位有名的廉官，他进士得中后被任命为福建古田知县。当时古田田税数目繁多，服役轻重也不平衡，很多百姓都逃亡外地，一些人则当了草寇。陈瑸见状，便奏请朝廷平均赋税徭役，这才让百姓的生活得以平稳。

为官期间，陈瑸十分清廉，在四川任职时，他更把自己的耿直谨慎、廉洁奉公表现了出来，坚决杜绝贿赂。

康熙了解到他妥善处理湘潭知县私自增加徭役、出售陈年谷粮等后，特地下诏褒奖。他上奏说："为官者如果随意贪取一钱，就与贪取万钱万金毫无区别。人贪取钱财的原因，大多是因为俸禄不足以支配开销。我担任知县之初，生活还不至于劳苦，不贪取一钱，也足够开销的了。"

康熙对群臣说："每次看到陈瑸，我都会留意他的言行举止，可以看出他的确是个清官。他生于海滨，不是名门望族，更没有门生旧故，可天下人都称赞他的廉洁，如果这不是真的，如何能得到这样的赞叹呢？国家有这样的人才，实在有福了。应该把他评为优异，旨在振奋清廉之精神。"

康熙五十七年（1718年），陈瑸因病请求退休，康熙下诏挽留。不久，还在任上的陈瑸去世了。康熙感慨地对大学士说："陈瑸为官堪称优秀，又有难得的清廉品质，我很少见到这样的官员，即便在古人中也很少见。"

"禁微则易，救末者难，人莫不忽于微细，以致其大。"任何事情在萌芽阶段都很好控制，等到发展起来便往往难控其势，因而，一些小的过失必须在最初阶段重视起来，一旦发展壮大就会造成不可挽回的局面。

在廉政建设上，党员干部尤其要引起重视，要切实地把“天下大事，必作于细”的道理渗透到从政工作之中，更要擦亮双眼，清楚看到很多别有用心之人利用小事小节来击垮党员干部苦心筑起的廉洁堡垒。遗憾的是，不少党员干部并不在意这些细枝末节，对于他人逢年过节送来的礼物照单全收，久而久之，他们便会在不知不觉中跌入他人用心编织的“腐败之网”中。

周某出生在一个贫苦的农民家庭，都说“穷人家的孩子早当家”，周某也的确是这句话的践行者。苦难的家庭生活让他很早就立下志向，要通过自己的努力改变命运。在求学期间，他学习十分刻苦，最终顺利考入昆明一所大学的环境保护专业。

大学毕业后，他回到家乡进入县环保局工作。几年后，因工作表现出色，他也获得了多种荣誉，而且他加班加点在单位组建的实验室更突破性地完成了质量体系建设，顺利通过了省级计量认证。

后来，周某被提拔为县环保局环境监察大队副大队长，服务的对象多是企业老板。当眼见这些大老板出手阔绰、一掷千金的现实时，他的心态开始发生转变，在与这些老板的往来中，他也打开了内心的贪腐之门，大肆收受老板们逢年过节送来的礼金、消费卡和礼品等。尝到甜头的周某越发肆无忌惮，表面上还是摆出一副清官的架势，可一旦收到好处，马上会手下留情，为行贿者行方便。

2019年，周某被立案审查，经查实，他在过去的十余年间，利用职务之便多次在排污费核定、征收及环保监督检查方面为服务对象开绿灯，共计收取他人贿赂近 30 万元人民币。

次年，周某被判处有期徒刑 3 年。

比起很多落马的“大老虎”，周某只能算是一只不起眼的“小苍蝇”，可是苍蝇虽小，也一样会败坏党员队伍的廉政风气。周某未能做到“尽小者大，慎微者著”，以为收受他人的小利小惠无伤大雅，可他忘记了自己的身份，忘记了手中的权力是党和国家、人民赋予的事实。归根结底，他并没有把人民的利益放在首位。

古语云“祸患常积于忽微”，又有人们熟知的“勿以善小而不为，勿以恶小而为之”的训诫，这些古语都阐明了一个道理：小者大，微者著。那些不懂慎微、不善慎微的党员干部，终将会栽大跟头。

第三章

正风反腐，强化自律意识

一个缺乏自律意识的人，做事上便不会全力以赴，也很难恪守原则和底线，从而在没人监督的时候难保定力。党员干部要想顺应时代发展的潮流，就必须增强自律意识。自律者可以更好地控制自己，从而让自己在利益和诱惑面前免栽跟头。

1. 坚持原则，戒除私心贪欲

《宋史·叶梦鼎传》中云："廉耻事大，死生事小。"这句话放到今天的廉政建设工作中，便凸显出了另一番意义。

党员干部在具体的工作中，要恪守廉洁从政之本，要有廉耻心、荣辱心，要时刻谨记自己是党的形象的代表者、传播者和维护者，要时刻把为党和人民的事业奉献自己一切作为终身目标。当党员干部对自己的身份建立起这样的认知后，也就能够从根本上知廉耻、识廉耻、不忘廉耻了。

知廉耻、识廉耻、不忘廉耻也是党员干部要始终坚持的原则，当这种原则能够融进自己的血液之中，就会在工作上，乃至于生活上切实地做到廉洁自律、持正守廉，并会从根本上戒除私心贪欲。

陆贽是唐德宗时期的宰相，位高权重，同时他也是一名廉官。在盛世之中，朝中臣子多数有贪污的举动，皇上心知肚明，但因为大多数额不大，也就不做追究。陆贽却是个例外，他甘愿自己生活清苦也不愿贪污受贿。

陆贽的清廉在年少时期就表现了出来，他十八岁进士及第，而后便在为官之路上坚守清廉不贪的原则。

一次，陆贽去拜见当时颇有名望的寿州刺史，与刺史聊得很投缘。刺史觉得陆贽是一个难得的人才，便与他结为忘年之交。分别时，刺史把百万贯铜钱赠予陆贽，说这是给陆贽母亲的饭钱。陆贽自然不肯接受，因为他追求的是“君子之交”，怎么能收好友的钱呢？

在刺史的再三劝说下，陆贽便收下一袋茶叶。刺史内心对陆贽更加另眼相看，觉得他能够如此清廉不贪，实在难得。

唐德宗身为太子时，对陆贽十分仰慕，希望日后可以得到他的辅佐。后来他登基后，曾派人巡视天下，在听到陆贽关于治国方面的高论后，马上把他封为翰林学士。得到器重的陆贽尽忠职守，甚至在后来躲避战乱时也对唐德宗不离不弃。

后来，陆贽的母亲病逝，他便辞官奔丧，暂居嵩山封乐寺。当时不少官员都出于对他的仰慕而送来许多财物，陆贽都一一拒绝了。虽然此时他已经身在朝堂之外，可同样不会收取他人的财物。

公元 792 年，前任宰相因贪污被罢免，陆贽便被正式任命为宰相。身居高位，他始终如一，不收财物，两袖清风。

唐德宗知道陆贽清廉，也知道他生活得十分清苦，于是特地传下一道密旨告诉他：在朝中为官，要学会与文武百官拉近关系，就算不愿意收取贵重的礼物，贪一点小财却是无妨的。有了皇上的“恩准”，换作旁人或许会慢慢地变得肆无忌惮，可陆贽依然坚守本心，始终不忘清廉为官的原则。

《增广贤文》中云：“宁可正而不足，不可邪而有余。”靠着旁门左道的方法获取财物，谋得私利，不是君子所为，一个人只有通过正当方式赚得利益，才会心安理得。

某省文化产业投资集团有限公司原党委委员、副总经理华某，在 22 岁时便获得国家级剪辑类奖项，在平时工作中为了保证节目顺利播出，他经常几天几夜不合眼。有一次，为了拍摄一组日出的镜头，他在海边差点儿溺水。

原本他只是一名普通记者，凭借着出色的业务技能和拼命三郎般的工作劲头，一步步走上了管理岗位，成了领导。然而，令人唏嘘的是，随着职位的晋升，他的思想开始发生改变，有了私心，也变得十分贪婪。用他自己的话说便是：“公家的钱拿着拿着就顺手了，只觉得这些钱稍微动点手脚，很快就会进入自己的腰包，非常简单。”

有了第一次就会有无数次，直到东窗事发。失去原则，且贪心不足的华某并没有意识到，他的贪婪正一步步吞噬着自己。

等到贪腐的事情败露后，他才如梦初醒。在长达十几页的忏悔书中，他自述了自己的堕落根源：“因为没能形成正确、健康的权力观，所以对权力的属性认知发生了严重偏差，导致了私心贪欲的滋生，这也成了我接下来违规违纪的根本原因……”

《韩非子·六反》中云：“贪如火，不遏则燎原；欲如水，不遏则滔天。”党员干部做不到坚持原则，也就很难遏制内心的欲望，欲望一起，很快就会形成燎原之势，最终让自己葬身于贪腐的火海之中。

那么，在具体的工作中，党员干部如何做到戒除贪欲，廉洁自奉，坚守原则呢？

首先，坚定理想信念。在工作中，把全心全意为人民服务作为第一宗旨，立足于这一基础，形成共产主义的世界观、人生观、价值观，并时常以违法乱纪的典型案例来警示自己，吸取教训，由此深化理想信念，筑牢防腐防变思想堡垒。

其次，加强道德修养。这里的道德修养集中表现在社会主义道德层面，因为只有全体党员干部在生活中和工作中践行社会主义道德规范，常修文明之性、常行奉献之举，才会永葆共产党人的本色。

最后，树立正确的义利观。党员干部也是普通人，也有追求个人利益的权利，只不过作为特殊的群体，对自己要有更严格的要求，绝不能在背离道德规范和党的宗旨的前提下为自己谋利，更不能触犯法律、违规违纪，甚至在必要的时候，要有敢于、甘于牺牲个人利益，维护他人或集体利益的精神。党员干部只有产生这样的认知，才能在任何时候、任何地方都把人民的利益放在心头，对待功名利禄等诱惑时才能严于律己，不为所动，从根本上戒除贪欲。

2. 保持清醒，忠诚于党永不过时

《述而》中云："不义而富且贵，于我如浮云。"这句话的意思是，通过不正当的手段获取富贵荣华，对我来说如同天际的一片浮云，没有任何价值。这样的道理每个人都懂，可在面对功名利禄、荣华富贵时，或许很多人都难以保持清醒的头脑，分析其中的利弊，做出最明智的选择。对党员干部尤其如此，当摆在面前的诱惑令人万分心动，难以抗拒时，到底要如何抉择呢？

优秀的党员干部对此会很轻松地做出选择，他们会果断拒绝一切诱惑，因为他们内心忠诚于党、忠诚于国家、忠诚于人民。

对党忠诚是我党对党员的根本政治要求，一个对党不忠诚的人，很难成为党的好干部、人民的好儿女。因而，党员干部要牢记自己的第一身份是共产党员，第一职责是为党和人民服务。

梅振盈是党的好干部，也是广大基层党员干部的生动缩影。他十八年如一日地扎根基层，用行动践行并诠释着一名党员是如何切实地做到对党忠诚的。

自入党以来，他先是在景宁县鸬鹚乡担任副县长，后转任党委委员、副乡长，分管国土、农办和建设等工作。在为老百姓办事上，他从来都不遗余力，很少为自己和家人考虑，他曾说："因为熟悉情况，所以想继续留在鸬鹚为老百姓多做贡献。"

当时的景宁县是一个典型的山区县，交通不便，条件也十分艰苦，不过梅振盈从没有向组织申请调动工作。在接到大顺乡王塆村50余户移民搬迁工作和安置点建设任务后，他一次次地上门走访、一遍遍地核查资料，准确、迅速地将群众的补偿金一一发放，他的敬业和投入让人印象深刻。

在鸬鹚工作的几年时间里，他与当地百姓建立了深厚的情谊，这也是他不愿意离开的主要原因。景宁县委的同志后来回忆道："他在我的印象中，是位非常忠诚和务实的干部。"的确，梅振盈始终对党忠诚不二，始终听党话、跟党走，勤勤恳恳、爱岗敬业，他一直坚信："只要你心里装着群众，群众就会把你当亲人，只要你真心实意为群众谋福利，群众就会把你记在心里。"

作为忠诚于党的好干部，梅振盈对自己要求极为严格，从不拿百姓一针一线，他曾说："律人先律己，打铁还需自身硬。"

一次，他带队到金岱村验收危房改造，当时从乡政府出发要驱车半小时才能抵达目的地，而4个自然村分布在不同的地方，需要一整天才能走完。时近中午，梅振盈让大家回家吃饭，村干部却说来回跑太麻烦，又费时间，执意挽留。梅振盈说："要么我们自己掏钱，否则就不吃这顿饭，这是规定。"就这样，吃过饭后大家自掏腰包支付了饭钱。

梅振盈有自己的工作笔记，他在上面这样写道："履行'一岗双责'，就是要有身在火山口的危机意识，如果廉政关不把好，一切都会成空。"

忠诚于党、忠诚于人民、忠诚于事业的梅振盈，用自己的一言一行、一举一动展现着他对党的忠诚，他的先进事迹值得党员干部学习和效仿。

《忠经》中云："天下至德，莫大乎忠。"忠诚是衡量党员干部是否具有高尚的政治品格的标准，更是检验其党性纯度的试金石。今天的党员干部，仍然要不遗余力地忠诚于党和国家、人民的事业，时刻保持清醒，与一切贪污腐败的行径斗争到底，做到品格高洁、节操高尚。

"人格因忠诚而巍峨，事业因忠诚而壮丽。"党员干部必须把忠诚作为第一课、必修课和重要的一课，持续地在实践中学习，在学习中实践，而要想从内心深处自然地显现出忠诚，就务必通过以下"六关"。

政治关。拥有坚定的政治立场是党员干部保持头脑清醒的关键，由此才会有更系统的学习、更深入的思考和更丰富的实践。一个能够经受住考验的党员，便会时刻保持政治上的清醒与坚定。

权力关。这是最容易让党员干部放松警惕的一关，因为他们手中握有权力，会在不知不觉中与权力"融合"在一起，继而把权力看成"私人物品"，导致以权谋私的局面。因此，要想过这一关，党员干部就必须真正地明白"在其位谋其政"的道理，要把为人民谋福祉当成自己的分内事，以一颗忠诚之心彰显为党为民的情怀。

金钱关。每个人都有贪欲，党员干部自然也不能免俗，但作为公职人员，必须要主动、刻意地克制个人欲望，不断提升抵御诱惑的能力，绷紧拒腐防变这根弦，用道德规范和党规法纪来约束自己，以便时刻保持清醒。

交友关。物以类聚，人以群分。党员干部自身廉洁，身边的朋友也不会是贪赃枉法之辈；反之，挖空心思想把公家的变为自家的党员干部，所交的朋友也不可能品质高洁，试问有这样的朋友，又如何能做到对党忠诚呢？

生活关。除了工作，党员干部在生活中也要涵养“忠诚之心”，要通过勤学、多学来不断提升自身修养，参透忠诚的意义。

家庭关。从风清气正的家庭中走出来的党员干部，更懂得忠诚于党、忠诚于国、忠诚于民的内涵，反过来说，忠诚的党员干部也会主动激浊扬清，把正气正风带入自己的家庭之中，并能有意识地影响家庭成员共同维护这份和谐、健康的环境。

3. 为人正直，敢于拒贿

清朝雍正年间的清官叶存仁有这样一首诗：“月白风清夜半时，扁舟相送故迟迟。感君情重还君赠，不畏人知畏己知。”他写这首诗是为了表明自己清廉不受的品格，即他并不担心别人知道下属趁着夜深人静来给自己送礼，而是害怕自己知道。这种清廉无疑达到了至高境界，更表明他拥有一颗廉心。

清廉的人也总是正直不阿的，他们因为遵从自己的内心、坚守自己的原则，所以也敢于拒贿，就如林则徐当初了解到两广贪贿成风，任职两广巡抚时所写的那副对联一样：海纳百川有容乃大；壁立千仞无欲则刚。他用这副对联表明了自己清廉不贪、正直不阿的心迹，也让很多妄图行贿的不法之徒知难而退。

在今天的正风反腐工作中，广大党员干部也要在心中立志——立“廉洁志”、立“不贪志”、立“拒腐志”、立“防变志”，并要用实际行动表现出自己的正与廉。

某县人民法院收到了一份来自省高院的传真，上面是省高院院长在信息通报上的批示：应该表扬。这是什么意思呢？

在这之前的某一天，沈某因涉嫌故意伤害他人被依法批捕，在法庭受审。沈某的父亲不希望儿子进监狱，便绞尽脑汁找门路、托关系，希望可以从轻处罚。于是，他想到了在县法院担任人民陪审员的戴明钵（化名）。

当晚，沈某的父亲在戴明钵一位朋友的陪伴下来到了他的家中。戴明钵是这起案件的合议庭成员，他的意见对法庭最终的量刑会有所影响，所以沈某的父亲除了请求戴明钵高抬贵手，甚至还托他给承办法官送礼。

戴明钵是一个正直的人，一听对方的请求，当即拒绝，并告诉对方，法律面前人人平等，任何犯罪的人都必须接受法律的惩戒。倘若想从轻处罚，除了积极赔偿受害人的损失，认真悔过，并得到对方的谅解外，别无他法，像这种“走后门”的方式更是行不通。之后，戴明钵把送礼人“请”出了家门。

第二天一早，戴明钵骑着自己的电瓶车出门办事，在打开坐垫盖时猛然发现里面多了一个黑色塑料袋，打开一看，里面有一万元现金。戴明钵知道，这肯定是沈某的父亲昨晚走的时候偷偷放进去的。于是他和妻子一起去了沈某家，把钱当面还了回去。

戴明钵的正直和拒贿传到了省高院院长那里，所以院长才亲自批示，对戴明钵提出了表扬。

《乞不用赃吏疏》中云：“廉者民之表也，贪者民之贼也。”官吏清廉才能为百姓作出表率，而贪污受贿只会沦为残害百姓的盗贼。从这个角度看，党员干部清廉与否不只关乎个人，更关系到整个社会的风气。因而，做正直不阿、敢于拒贿的干部，才能得到人民的拥戴，才会留下好的名声。

党员干部在工作中，要严格遵守廉洁规定和原则，拥有一颗正直的心，做正直不阿的人，自觉抵制不正之风，不被人情、关系和金钱所累，发挥共产党员的先锋模范作用，以贪奢为耻、以廉洁为荣，敢于同不正之风、不良现象作斗争。

南朝时期的县令、郡守顾协，十九岁便考取功名，走上仕途，在扬州任议曹从事（官职）。在任期间，他为人正直、刚正不阿、廉洁从政、不贪不占，所以很快就被提升为安都县令。

上任后，他把衙门里积压的卷宗全部拿出来，一一审阅。衙门里的小吏都在私下议论：“惊堂木一响，雪花银万两，县太爷升堂审案，马上要发大财啦！”顾协审理的第一个案子，是一个名叫武同的皮毛作坊掌柜状告县衙差役蔡法度。

蔡法度本是一个地痞，以不法手段夺走了武同的作坊后，花钱疏通各层关系，进入县衙当差役，并贿赂县令把案子拖下去。此时听闻新任县太爷要重审此案，他不禁有些惊慌。可转念一想，天底下没有用钱搞不定的事情，所以安心了不少。

蔡法度拿了一件昂贵的貂皮长袍去贿赂顾协，顾协看到长袍后，故意表现得很欣喜，说：“这太贵重了，一定值不少钱吧？”

蔡法度一脸虚伪地说：“不值钱，不值钱，这是小人的作坊自己做的，一件就值十个钱。”

顾协马上假装惊讶地问：“十个钱？那么本官一个月的俸禄就可以买一百件了！”事实上，这件长袍的价值超过两千钱。

第二天一早，顾协便升堂审理此案。只见他把长袍放在官案上，再次问蔡法度：“蔡法度，你说这件长袍只有十个钱？”蔡法度一头雾水，慢慢地点了点头。顾协说：“既然如此，本官愿意给你一万钱，买一千件这样的长袍分发给全县六十岁以上的老者！”

蔡法度闻听此言，不禁眼前发黑，只得拿着自己的长袍灰溜溜地离开了，并把作坊归还给武同。

武同感念顾协的公正廉明，便找个时间带着二十两银子到顾协家表示感谢，但顾协当天不在家，武同只能把银子留给顾协的老母亲。顾协回来后，得知武同曾来送银子，拿起银子怒气冲冲地来到衙门，并让衙役把武同抓来。

顾协把银子摔在堂下的武同面前，生气地说：“难道你想断送我半世清名？”武同连忙叩头认罪，顾协不容分说，判他一两银子买一棍子，直接重打了他二十大棍。很快，顾协棍打送礼人的消息不胫而走，无论是官场同僚还是普通百姓都连连称颂。

南朝是贪腐之风盛行的朝代，顾协却能够出淤泥而不染，始终两袖清风、洁身自好，实在难得。归根结底，是因为他拥有刚直不阿的品格，敢于同不正之风斗争到底。可见，一个内心纯净、正直的人是不会被污染的。

对此，党员干部要引以为鉴，就如“吴隐之饮贪泉”的故事那样，只有做到了内心不贪，才能在任何诱惑和利益面前做到如如不动。倘若只把正直、责任挂在嘴边，心中却有无尽的贪欲，那么当外部稍有利益和诱惑时，他们所坚持的原则和恪守的信念就会被瞬间压垮。

4. 胸怀无私心，做人须有廉心

《荀子·儒效》中云：“志忍私，然后能公；行忍性情，然后能修。”一个人在意志上能够克制私欲，就可以做到一心为公；在行为上能够抑制感情，才能有好的品质。这句话传递出的核心思想便是：懂得克制。

善于自我克制的人，不会肆意妄为，在为人处世上会遵从一定的准则和道义，按照自己的良知行事。为官者学会自我克制，自然不会贪赃枉法，以权谋私，更不会为了满足私欲去做违背天理道义的事情，也就必定会成为廉官。归根结底，这样的廉官没有私心，他们一心为公，一心为民，绝不会为了利益出卖灵魂，丢掉信仰。

孔奋是东汉时期扶风茂陵（今陕西西安西北）人，年少时追随大儒刘歆学习《春秋左传》，不但学得很有成果，还常常有个人独到的见解，甚至于刘歆都对学生说：“我已经从君鱼（孔奋，字君鱼）那里受益了。”

后来王莽篡权，孔奋和母亲逃难到河西，当时的河西大将军窦融便邀请他做了将军府的属官，并兼任姑臧（今甘肃武威）长官。

当时天下大乱，河西却较为安定。由于姑臧处于交通要道，汉族与四周少数民族多有往来交易，集市经济发达，很多居住在这里的官员不过数月就会有很丰厚的收入，可孔奋做了四年官，个人财产却没有丝毫增加。

孔奋在生活上非常节俭，有佳肴美味也只供给母亲享用，他和妻子始终是粗茶淡饭。同僚们见他生活这般清苦，都嘲笑他“脂膏不润”，简单地说，就是嘲笑他身在官位，身处富饶之地却不懂得索取、享用，实在是“枉为官吏”。

反观其他官吏，趁着天下纷乱之际，全然不讲操守、道德，终日绞尽脑汁想的是如何捞到更多的好处和油水。孔奋却能守住本心、剔除私心、养护廉心，始终以“不自润”要求自己。

后来时局稳定，河西的部分官员被调回京师。在回京的路上，大家看到了两种截然不同的景象：其他官员满载而归，财货有余；孔奋却是个例外，没有任何家产的他只“单车进京”。姑臧的百姓见到这般廉洁的孔奋，不禁大为感动，自动自发地拿出财物送给孔奋，但孔奋都一一谢绝了。

心底无私天地宽，每个人都有私心、贪欲，只不过表现的程度和方式不同。有的人口口声声大喊无私奉献，可当个人利益与集体利益发生冲突时，他们的私心便会完全表露出来，把“无私”抛诸脑后，这也是某些党员干部的“写照”。

做不到无私，就不可能真正地清廉，更别提“身处脂膏，不能自润”了。金钱和物欲总是对不能把握住自己内心的党员干部充满着诱惑，归根结底，在于他们的党性修为不够，甚至缺乏最基本的政治素养，不善于、不懂得借助先进的政治理论和思想荡涤自己的心灵。廉心也需要常常拂拭，以扫去附着其上的贪奢尘埃。

张居正在《答蓟镇巡抚陈我度言辞俸守制》中云：“若独辞上禄以沽名，又受私馈以自润，内欺其心，外欺其主，孤不敢也。”这段话是在告诫为官者，绝不能把手中的权力当成肥己自润的工具，只有廉洁自奉，克己奉公，才能行稳致远。

是仪，三国时期北海营陵（今山东省昌乐县）人，他一生崇尚真理，为民请命，始终保持着一颗廉心。

当初，他因为文笔优美而被孙权看中，当上了骑都尉。后来，他又被封为裨将军、都亭侯，并任侍中（魏晋以后，相当于宰相）。孙权因为信任是仪，甚至还打算授予他兵权，但是仪觉得自己并不能胜任，便推辞了。

公元234年，诸葛亮去世，孙权派是仪去往蜀汉吊唁，并借此机会与蜀汉再次联手抵御曹魏。回到东吴后，孙权任命是仪为尚书仆射（东汉时期，尚书仆射是尚书令的副手），还让他做自己四儿子鲁王孙霸的师傅。

孙霸是孙权之子，身份不一般，是仪却没有半点谄媚心理，甚至还上疏给孙权说：“我认为鲁王有着高贵的品德，文武全才，现在最好的办法应该是派他镇守四方，保家卫国。还可以宣扬他的美德，显示他的威望，这也能体现国家的良好制度和人民的期盼。臣言语粗俗，不能完全表达出这层意思，但我觉得王子的地位要适当降一降，以便端正上下的等级秩序，彰显教化的根本。”是仪正因为有一颗无私的心，所以才敢直言上疏，而且接连几次奏请孙权。

正直无私的是仪也自然拥有一颗廉心，这表现在他从不为自己置家产上，也从不受人恩惠，他的房子只勉强够自己一家人住。

他的一位邻居盖起一座大宅院，一次孙权外出正好看到，便问身边人这座院落是谁的。身边人猜测说："可能是是仪的家。"孙权却说："是仪非常勤俭，这肯定不是他家。"

清廉的是仪从不讲究吃穿，始终甘守清贫，家里也没有任何积蓄。孙权了解这一切后，亲自到是仪家里看，还亲口尝了他们吃的饭菜，不禁感慨万千，当即赏赐是仪，并要扩充他的田地和院落，不过是仪几次三番推辞。

病危时，是仪留下了遗嘱，声明下葬要用素棺，自己穿平时的衣物即可，一切从简。

唐代诗人骆宾王在《挑灯杖》中写道："禀质非贪热，焦心岂惮熬。终知不自润，何处用脂膏。"为官者没有私心，就绝不会贪占钱财供自己享用，他们不管身处怎样的困境之中，都会坚守初心，本着为民谋利的原则，做到"为官一任，造福一方"。

而如今的一些党员干部，手中掌权后便开始公权私用，所秉承的原则是"为官一天，金钱满怀"，忘了曾经的入党誓词，对一切不义之财都来者不拒，甚至主动索贿，最后变成了心臭、手臭、名臭，为人不齿。

与之相比，拥有一颗廉心的党员干部却是大公无私、正大光明的，面对糖衣炮弹，他们只有一张"黑脸"相迎，绝不会为了对方的面子改变自己的原则和初衷，久而久之，他们的心变得越来越硬，但名却变得越来越香了。

5. 君子爱财，取之有道

诸葛亮在“七观”中说：“临之以利而观其廉。”意思是说，要想知道一个人是否廉洁奉公、洁身自好，只需让他接触有利可图的事情就可以了。的确如此，越是充满利益和诱惑的地方，越能看出一个人的内心到底是干净还是污浊。

所谓“近羊则膻、近肉则肥”，距离诱惑越近，就越容易迷失自我，最终也会因为无法控制自我而跌倒。说起来，一些党员干部之所以容易跌倒，归根结底就在于没有遵从应守的“道”。

有道是“君子爱财，取之有道”，遗憾的是，有些党员干部一碰到利益和诱惑就失去了自我，开始头脑发昏，变得唯利是图，全然不顾这份利益的获得方式和途径，最终走上歧路，无法回头。

某县房产管理处处长肖某，在房管处工作了近10年，精通单位的各项业务，算得上是行业内的资深人士。该房管处隶属县住建局，是一个股级单位，主要负责房地产开发企业的资质管理、业务指导，以及办理商品房预售许可证等工作。

肖某本来在工作中也算兢兢业业，这从他深谙各项具体业务上就可以看出来，不过随着工作年限的增长，他对如何把手中的权力转化为钱财也了然于胸。于是，他开始悄悄“试水”，先是借助自己的职权参股做生意，并肆无忌惮地收取管理对象的红包、礼金等。当这些“小钱”不能满足他的胃口时，强烈的贪欲开始驱使他“主动出击”——他用各种借口找到各个房地产老板，花样频出地向他们索要好处费。

很多房地产老板受制于肖某手中的权力，也只能“投其所好”，尝到甜头的肖某更是变本加厉，开始“明码标价”，直接靠“出卖”手中的权力帮他人办事来收取贿赂。

贪欲的闸门一开，就再也关不上了。肖某内心对金钱的渴望越发强烈，便开始盘算着更大的“生意”——按照合同总价提成，收取高额利息。

东窗事发后，沉迷于以权生财的肖某终于为自己无尽的贪婪付出了代价：县纪委监委开除其党籍、公职，并将其移交检察机关依法审查起诉。

肖某的一步步堕落，离不开他对金钱和利益的追逐，作为党员干部的他没有树立起正确的权力观，用旁门左道的方式获取财物，从而一步步走向贪腐的深渊。

古往今来，有太多的故事和事例已经告诉我们：为官之路，与廉同行；为官发财，必入邪道。要想发财，做官并不是最好的出路，切不可产生做了官就可以赚取大把金钱的观念，这都是“无道”的表现。

党员干部要深刻地参透“君子爱财，取之有道”的深层、多层含义，避免自己走弯路、走歧路。金钱名利向来是导致党员干部违规违纪的“催化剂”，这是因为这些身外物会蒙蔽一个人的心志、改变一个人的原则，所以，党员干部必须守住内心的“道”。

6. 吹响自省“监督哨”，守好自制“责任岗”

《论语·学而》中云：“吾日三省吾身：为人谋而不忠乎？与朋友交而不信乎？传不习乎？”这段话的意思是，我（曾子）每天都要作多次反省：反省自己为别人考虑事情时是否尽心竭力？与朋友交往是否讲求诚信？老师传授的知识是否都进行了温习？曾子是一个非常自律的人，是孔子的得意门生，连这样的人都会做到“三省吾身”，更何况我们这些普通人呢？

古往今来，但凡能够成就一番事业的人，无一不具备自省的能力，这是帮助一个人快速提升自我的有效手段。进行自省的过程，也是自我审视的过程，会由此认识到自己在思想和行为举止方面的不足，从而加以改进和提高。

由此及彼，在正风反腐工作中，党员干部的自省有着更重大的意义。若不懂得自省，做不到自我监督，就会缺乏自知之明，会轻易地陷入自信的盲区，思想上也会产生诸多不健康的念头，对于某些违法行为便睁一只眼闭一只眼，时间一长，就会触碰贪腐红线。

陆某出生于干部家庭，18 岁走上工作岗位，在当地的一家供销社工作。由于家境优渥，所以陆某平日里花销较大，他的父亲曾严厉地批评他，还给当时的市领导“捎话儿”，不希望儿子在供销社任职。不过父亲虽然严厉，在外的儿子却依然故我。

几年后，靠着关系和手段，陆某一跃而成为镇委书记。成了镇一把手，手中的权力大了，胆子也随之变得更大了。

当时镇下属村的一名村支部书记王某多次表现出对镇里一块地的购买欲望，他想买地建一个农贸市场，可因为他给出的价格太低，镇里始终没有同意。后来他找到了陆某面谈，最终“如愿以偿”，以更低的价格买下了那块地。此后，两个人的关系变得越来越紧密，陆某还把王某提拔为副镇长，并大力扶持他创办的公司开发房地产。一时间，王某可谓名利双收。

不过，陆某却没有马上收取王某的好处，直到他觉得自己对王某已经“知根知底”了，才收下了近百万元现金和一栋别墅。

后来，陆某想在镇上建一座五星级酒店，便找来朋友何某投资酒店和商业地产。陆某“故技重施”，又帮助朋友以较低的价格取得了酒店和商场用地。至于他自己，则是又等了一段时间后，才在每年的春节期间秘密地、多次地收取了陈某的贿赂，共计 180 万元。

陆某很“聪明”，他觉得时间一长，自己的违法违纪痕迹就会在时间的推移下“消失”，所以每次他利用职权为他人行方便之后，都不会马上收取好处，而是过一段时间，甚至数年之后才会分批次受贿。

天网恢恢，疏而不漏，陆某再狡猾也终究难逃法律的制裁。最终，他被相关部门调查，并被法院以受贿罪判刑。

《亢仓子·训道篇》云：“贤者见之宽恕而不言，小人暴爱而溢言，亲戚怜嫉贰言。人有便蔽，恶乎不自知哉？是故君子检身常若有过。”这段话的意思是，对于他人的缺点，贤者会因为自己的宽容而不说，小人会为了寻求更多的偏爱而有诸多吹捧，亲戚则会出于怜悯和呵护而不说。无论他人怎么说，人贵有自知之明，即人的缺点只有靠自知，所以常常检视自我，才会发现更多不足。

案例中的陆某显然是个缺乏自我检视的人，或者可以说，他从未想过反省自己的行为，不然也不会一再错误地使用手中的权力。

对党员干部来说，自我约束、自省自制是极为重要的，不懂得自我反省、反思和自查，在面对诱惑和利益时，思想就会发生动摇，无法对自己的工作做到高度的认真和负责，也就很难绷紧廉洁这根弦，所以党员干部有必要在以下四个方面下功夫。

第一，加强理论学习，强化教育引导，多用身边的真人真事进行自我警示，常敲警钟，以让自己知敬畏、存戒惧、守底线。

第二，充分认识到遵规守纪的重要性，时刻保持清醒的头脑，对金钱和权力有正确的认知，主动远离诱惑、解决诱惑，洁身自好、独善其身。

第三，加强自我监督力度，抵制一切形式的贪污腐败行为，并要动员身边人共同监督，以形成清正的交际风气、家庭风气，不让歪风邪气有机可乘。

第四，强化责任担当意识，要明白自己作为党员的职责和使命，始终把党和国家、人民的利益放在首位，严格落实党风廉政建设责任制，擦亮共产党员的廉洁底色。

自省、自制是做人做事的基础之一，也应当成为广大党员干部提升道德修养和从政的必修课，苦练这种“内功”，会逐步提升思想觉悟，强化自省、自制意识。

党员干部在生活中和工作中还要学会自我纠错，明白“自纠便是自救”的道理，及时清除思想上的毒瘤，永葆健康的肌体。《大学》有云：“静而后能安，安而后能虑，虑而后能得。”时时反思自己，就能更清楚地看到自身存在的不足和缺陷，从而能够更好地运用手中的权力为民谋福。

党员干部更要把自省、自制作为一种行为习惯，不断提醒自己省身的重要性，从而改进做事的方法和态度，革新自己的思想、淬炼自己的灵魂，让自己成为能挑重担、能干大事的人。

7. 低调做人，勤勉律己

常言道，“骄兵必败”。无论是谁，只要把“骄”摆在心头，无论如何都不能成事。心中有“骄”，则做事浮躁，取得一点点成绩便会自以为是，到头来只会让自己陷入被动的境地。所以，“骄”是必须克服的人性缺点，对党员干部尤其如此。

在从政路上，党员干部应“低调做人，高调做事”。低调是一种为人处世的境界，也是一种风范，能反映出一个人的思想境界。只有常怀律己之心，洁身自爱，甘为孺子牛，做一颗低头的“饱满谷穗”，才会将党性修养内化于心、外化于行。否则太过张扬，不懂收敛，只会惨淡收场。

《道德经》中云：“生而不有，为而不恃，功成而弗居。”真正的律己者都是低调内敛的人，内心平和自在，不为名所累、不为利所缚、不为财所惑。

宋仁宗时期，贤相杜衍以低调、廉政闻名当世。为官期间，他十分低调，即使成就了辉煌的事业也从不居功自傲。庆历四年（1044 年），杜衍拜同平章事、集贤殿大学士，兼枢密使，可谓大权在握，不过他从不用手中的权力为自己购置良田、置办私产，直至离任也没有几间像样的房子，最后只能寄居在南京应天府的回车院中。

宋朝时期，各地都有回车院，有的用于官员卸任后等待接任者到来的临时居住，有的作为驿站，如同“招待所”一般。杜衍在这样的地方一住十年，吃住非常简陋，可他毫无怨言。

《萍洲可谈》中记载有杜衍的一段“趣事”：一次，河南府举办宴会，已经退位的杜衍也受邀参加。在宴会上，杜衍头戴居家便帽，身着便装，端正地坐在一个角落里，一句话也不说。

当时有一位新科进士出任边关副职，路过应天府，知府王举正知道这位进士很有才华，前途无量，便把府内“牙兵、宝辔、旌钺”一一安排出来，迎接这位新贵。街道上插满了鲜艳的彩旗，周围锣鼓喧天，场面宏大，街边的老百姓无不侧目而视，嘀咕着是哪位朝廷大员来了？

此时杜衍参加完宴会回来，在路上正好与这位新贵的队伍相遇，避无可避时，他急忙把帽檐拉低，衣服领子也扯得高高的，贴着路边让马慢慢地走。不一会儿，仆人拉着马停在了路边。

新贵的队伍走近杜衍几人时，见几个人没有下马，便生气地问身边的随从骑马的人是谁。随从看了看，回答说，这是卸任的宰相杜太师啊！杜衍的低调可见一斑。

曾有人劝杜衍穿居士服，杜衍却说：“老而退休，哪能以高士自居呀！”卸任后的他常常或出游、或读书，重精神而轻物质。临终时，他还给皇上留下遗疏，大意是：“不要因国家长治久安而忽视边防，不要因富贵而随意浪费财物。”遗疏中尽是国事，没有半点私事。

杜衍还在生前告诫儿子，他去世后只需要一枕一席，挖小坑土葬即可，绝不能铺张浪费。

《菜根谭》中云："地低成海，人低成王。"平淡为官看似不起波澜，其实却更是最具智慧的为官之道。这样的为官者能够抵制住各种诱惑，也会经受住各种考验。

遗憾的是，我们的党员干部队伍中却有一小撮喜欢讲排场、摆阔气的人，所到之处被人前呼后拥、众星捧月，其所作所为只为彰显个人身份和地位，却从未想过，俯身为民谋福者才会真正被老百姓捧上天，才会是老百姓真正的"贴心人"。

为官一任，造福一方，党员干部要切实地把低调刻进骨子里，自律自省，不可招摇过市，如此才能成就一番事业，成为党员干部队伍中的先锋旗帜。

第四章

心存敬畏，严守纪律不逾规矩

“知敬畏、存戒惧、守底线”，每一名党员干部都必须牢记自己的党员身份，强化纪律和规矩意识，加强对党规党纪的学习，做到学后懂、懂后用、用而有效。在纪律面前，党员干部要严格约束自己，敬畏人民、敬畏组织、敬畏法纪，行有所止，言有所戒。

1. 不越雷池，塑造清风正气

从古至今，人们都把清廉看成一种美德，一种至高的境界。古往今来，有太多人因为不廉而名誉扫地，同样地，也有很多人因为清廉而万古流芳。我们从古代的故事和现实的事例中，已经可以清楚地看到廉与不廉所带来的结果，对今天的党员干部而言，塑清风、扬正气，不越雷池、不触红线，应当成为正风反腐事业的新常态。

“一身正气为人师，两袖清风能生威。”心有正气的党员干部不会轻易为污浊之风所染，因为他能一眼洞悉名与利背后的灾与祸，所以在工作中能够保持自身的纯洁性，常修为政之道、常怀律己之心。他们会恪守道德情操，主动提升防腐拒变的能力，真正做到权为民所用、利为民所谋。

赵轨，河南洛阳人，隋朝时期循吏，是有名的清廉官员，历任原州司马、硖州刺史，累迁寿州长史。

一次，他见邻居家的桑葚熟了，很多果实掉在自家院落，便让孩子们把桑葚都收起来给邻居送去。孩子们不解地问：“桑葚自己掉进院子的，我们又没偷，为什么要还给他们呢？”

赵轨回答：“孩子们，我让你们这样做不是为了得到褒奖。你们想想看，如果不劳而获，并不以为意，以后就会有更多的贪念，变得喜好追逐名利，阴私狭隘，这又怎么能成为一个为国为民的正人君子呢？”孩子们觉得很有道理，便赶紧把桑葚都送回邻居家，邻居十分感动。

还有一件事发生在赵轨调任到原州期间，当时他负责掌管军队。一天晚上，他带领队伍路过一片田地，由于道路狭窄，有些士兵的马踩踏到了庄稼。赵轨发现后，马上让后面的队伍慢一点，排好队小心翼翼地前行。等走到一处开阔的地方，便下令休息，等天亮再出发。

下属询问缘由，赵轨便说："我们踩踏了百姓的庄稼，要在这里等到天亮，赔偿他们。"下属很惊讶，说道："大人，我们夜晚行军，踩踏一些庄稼不可避免；再则，我们是为国家效力，百姓会体谅我们的，怎么还要赔偿他们呢？"

赵轨说："百姓是我们的天，我们的目的正是保卫他们；再则说，如果他们不耕种，我们何来粮饷，又怎么有精力保家卫国呢？倘若我们毁坏了庄稼后一走了之，他们的心情必定会因此受到影响，无法安心耕种。农耕是国之大事，所以一定要重视！"

天亮之后，赵轨带人到村里问明了被踩踏的庄稼的主人，并一一赔偿。农户们从未见过如此爱民、惜民的官员，不禁十分感动，而赵轨的名声也由此传播开来。

赵轨的内心干净纯洁，所以不允许孩子们吃拿邻居的桑葚，又因为他始终把百姓放在心上，所以马匹踩踏了庄稼后，他坚持赔偿。他的举动表明了他的清正廉明，那是一种自然而然、发自内心的善与纯。

清廉是一种美德，也可以看成为官者应恪守的规矩和纪律。不越雷池，便是谨守这份规矩和纪律，不做违心之事、不行不义之举。

党员干部要擦亮双眼，认清贪腐红线，绝不能因为摆在面前的是小利益、小恩惠而掉以轻心，要始终对党纪党规心存敬畏，用规矩和纪律约束自己，形成强烈的自律意识，多看反面例子，多向优秀榜样学习，时刻保持警钟长鸣，守住廉洁防线。

2019年3月，某公司负责人张某为了帮助姐姐搞投资，私自从他保管的公款中挪出20万元。几个月后，张某的姐姐投资获益，并劝说张某继续用公款投资，暂不归还。张某见姐姐的确收益颇丰，胆子便大了起来，不但同意让姐姐继续用初始的20万元投资，还通过各种隐秘方式再次挪出30万元公款，让姐姐帮忙投资。

次年4月，张某的姐姐告知张某投资失败，不仅把之前的收益悉数赔尽，两笔共计50万元的公款也没了着落。张某情急之下，便又“巧立名目”，以各种借口和方式掩盖挪用公款的事实，并尝试做假账。

事发后，张某因涉嫌严重违纪被纪委监委纪律审查，等待他的是法律的制裁。

在党员干部面前，始终有一条纪律警戒线，任何伸手越线的人都会无一例外地受到相应的惩罚。党员干部要在心里拉起一条警戒线，时时以党纪国法告诫自己，牢记作为一名共产党员的标准，激浊扬清，倡廉洁之风、扬清正之气。

2. 心中有戒，远离非分之想

人们说，心有所戒，方能行有所止。“戒”便是界限、尺度，也是一个人心中应恪守的处世准则。而“戒”对于广大党员干部来说，它的重要性不言而喻。

遵守党规党纪，是对党员干部的基本要求，这个界限和尺度是任何人都不能逾越的。一旦违背规矩，扔掉了内心的“戒”，就会产生非分之想，就会在利益和诱惑面前迷失道路。

因而，党员干部要常戒非分之想，时时反思自我，意识到贪欲的危害，做到做事有原则、做人有底线，不断地自我警醒、自我克制，坚持用权不违心、办事不妄为的原则。

樊某的腐败之路与王某密不可分。1990 年，当时已经是某县长的樊某，在乡镇企业做调研时结识了王某。

1996 年，樊某调到了某市，成了某市副市长、市委常委、宣传部部长。第二年，王某找到樊某，希望他能帮忙为自己的妻子调动工作，从某纺织局调到某市城市合作银行，还希望能让他承接某山庄弱电系统工程。

樊某满口答应，很快就为王某办好了这两件事，此后二人的关系更为亲密了。2001 年 1 月，樊某开始为自己“捞好处”，跟王某说自己的儿子留学用钱，由此索要了 20 万元。

不久，樊某调任某市委副书记，之后又成了某市政协主席。这期间，樊某与王某结成利益同盟，由王某出面找项目，樊某则负责疏通关系，事成之后，两人各分好处。很快，王某以虚假出资方式成立了一家矿业有限公司，次年该公司的某人员涉嫌犯罪，樊某便为其“摆平”了一切。在此之后，樊某先后 7 次从王某处获得共计 408 万元的好处费。

除了王某，樊某还与深圳装修设计工程公司的肖某建立了不正当合作关系，更以帮助其他企业改制、融资和并购为由收取多方贿赂。2012 年 1 月 17 日，樊某被刑拘。次年 1 月 31 日，荆州市中院对樊某进行审判，当时摆在公诉机关案头的案卷高达一尺。

心中无戒尺的樊某，终因自己的贪婪而一步步走上了犯罪之路。省高院最终判处樊某无期徒刑，剥夺政治权利终身，并处没收个人财产100万元。

明代学者方孝孺云：“凡善怕者，必身有所正，言有所规，行有所止，偶有逾矩，亦不出大格。”这句话是在告诫人们，为人处世必须正其身、守其行，要有畏惧之心，这样才能有所为、有所不为。

检视自我、修身正行，防腐拒变必须从“心”做起，要有利益摆在面前而岿然不动的气概。鉴古而观今，可知“以辞却之”并不够彻底，只有“以心却之”才能从根本上防贪、拒贪，消除一切非分之想。

许衡是元代著名理学家、政治家，他一生为官廉洁自律、坚守原则，从不贪占不属于自己的东西。

天兴二年（1233年），许衡和很多人一起为躲避战乱逃亡外地。当时正值盛夏，大家一路上饥渴难耐，走着走着，众人看到路旁有一棵梨树，上面结满梨子。于是众人纷纷爬上树去摘梨子解渴，只有许衡一个人独自端坐在树下乘凉，不为所动。

同行的人问他：“你怎么不去摘梨子解渴？”许衡回答：“不是自己的梨子，怎么能随便乱摘呢？”那人讥讽道：“现在是兵荒马乱的年代，这棵梨树没有主人了，栽种他的人都已经逃亡外地了，你又何必介意呢？”

许衡说：“梨树虽然没有主人，但我的心难道也没有主人吗？”他始终没有摘梨子吃。

“莫见乎隐，莫显乎微。”一个人的品质如何，从细枝末节上就可以一眼看出。许衡能够忍住饥渴，不摘“无主之梨”，是因为他心中有“主”，即有一把“戒尺”，他绝不允许自己越线过界，对外物产生非分之想。

今天的党员干部，要想从根本上做到“手握戒尺，举有所虑”，首先要常修从政之德，自觉地加强党性修养，要始终立足于民，把心思放在为民谋福上，不争官职大小、不贪权力轻重，要比奉献、比担当，把自己的心与群众的心紧密连接在一起。

其次，要时刻怀有律己之心。律己，即是对自己有严格的要求，常常警醒自己、反思自己，对党规党纪心存敬畏，始终保持干净、纯粹、清白、坦荡，时刻守住自己的政治生命线。

再次，要善于克制个人“欲望”。人的欲望是自然产生的，很难彻底消除，但却可以加以克制。党员干部同样有自己的欲望，有私心、有贪欲，这本无可厚非，不过却要把这种欲望控制在一个合理的范畴，甚至于，要让欲望驱使正向行动，鞭策自己把更强劲的个人力量用在为党和国家、人民的事业做贡献上。当内心充满了这样的“欲望”，也就会自然而然地远离私欲、妄念。

最后，要学会剔除非分之想。在其位谋其政，无论身处何种岗位，都要认清自己肩上的职责和使命，不作无谓之想、不行无妄之举，立足于自身岗位，不去想不切实际的事情，远离“超范围”的圈子，时刻保持清醒的头脑，摆正个人利益与集体利益的位置，时间一长，就会自然而然地剔除妄念，修己守正了。

3. 强化法纪意识，把好防腐拒变“方向盘”

党有党纪，国有国法。党员干部唯有树牢法治观念，增强法纪意识，才能把好防腐拒变“方向盘”，做到不敢贪、不能贪、不想贪。

习近平总书记在党的十九大报告中指出，“加强纪律教育，强化纪律执行，让党员、干部知敬畏、存戒惧、守底线，习惯在受监督和约束的环境中工作生活”。党员干部要想拥有更强的法纪意识，涵养正气清风，就必须主动地、严格地遵守纪律和规矩，牢记党章党规，并以此来约束自己的言行。强化法纪意识绝不是空喊口号，或是在墙上粘贴标语，而是要切实地在工作中树立务实为民的形象，一切依章而行；要明辨是非，追求健康的生活情趣，绝不能手握权力便忘乎所以，胡作非为，那只会画地为牢，让自己坠入万丈深渊。

于某是四川省南充市人，从某师范大学毕业，并取得了法学硕士学位，后来进入某大学任教，学校的领导非常器重他。于某自己也很努力，表现非常出色，还承担了学校团委的工作。

他在工作中兢兢业业，很快从一名普通干事升到了团委书记。后来，他又顺利地进入了某县政府，一步一步地当上了县委书记。

当职位越来越高，手中的权力越来越大时，于某的内心也随之发生了变化。以前，他是组织里的“纪律标兵”，也是大家眼中的遵纪模范，从不会为了任何事情违反规定。然而，这些最初的良好品格却在权力之下变了样子，他开始无视纪律和规定，开始收受他人的贿赂。

在职期间，于某有一个王姓友人，二人关系亲密，官场上无人不知。事发后，人们才知道了这个王姓友人的“庐山真面目”。原来他是于某的远房亲戚，于某之所以与王某走得近，一方面是因为王某是远房亲戚，很多人并不了解；另一方面，王某毕竟是“亲戚”，所以很多事情可以放手去做。

后来经过调查才知道，于某暗中让王某做“另一个自己”，在谈项目的时候都由他来授权给王某，之后王某出面与对方商谈，自己从不露面，但好处拿得最多。在职期间，二人通过这种“配合”帮很多人承接了各种工程，而后王某不但会在某些项目中“占干股”，还直接收取他人的现金贿赂，据统计，在几年时间里，于某通过这种方式与王某共贪污9000多万元。

后来，于某被市中级人民法院以受贿罪、滥用职权罪判处无期徒刑，剥夺政治权利终身，并依法追缴赃款4000余万元。与之配合的王某也同样受到了严惩。

党员干部出现这种问题的根本，源于他们自身缺乏对党纪国法的敬畏感，法纪意识薄弱，且对法律法规的学习力度不足、认识程度不深。因而，在行使权力的过程中很容易“走板”，跳出权力范围，继而走向贪腐的歧路。

归根结底，当党员干部有了更强烈的法纪意识，也就会自觉地约束自己的行为、克制自己的私心，在廉洁的轨道上行稳致远。

4. 戴好法纪“紧箍咒”，筑牢廉洁“防火墙”

《管子·禁藏》中云：“法者，天下之仪也，所以决疑而明是非也，百姓所县命也。”这句话的意思是，遵照法律来行事，天下就有秩序，天下以法为准则，用法来解决疑难、判明是非，百姓的命运也都有赖于法。

毫不夸张地说，我们可以把法纪比喻成党员干部的“傍身武器”，无论遇到什么样的事和人，当一时之间拿不定主意，左右为难之时，只要搬出法纪，一切以法纪为标准，就绝不会有任何行差踏错。可见，法纪为一些思想上松动的党员干部加上“紧箍咒”，告诫他们绝不能钻法律的空子，无视规则，不然到头来只会亲手推倒廉洁“防火墙”，成为阶下囚。

“面对利益和诱惑，我把立党为公、执政为民的从政之本抛在了脑后，对党纪国法失去了敬畏之心，不能依法用权也没能抵御住歪风邪气的侵扰，为自己的违法乱纪打开了闸门……”这是某市副市长顾某在“落马”后的自我忏悔。

回顾往昔，当初在团市委工作的顾某便与商人夏某相识。两人起初每周相约两三次喝茶聊天，随着联系的紧密，他们的感情越来越深，而夏某也在生活上开始对顾某频频关心。

很早以前，夏某便看出了顾某日后会在政坛上有所作为，于是“放长线钓大鱼”，先是与顾某引为“知己”，主动邀请他参与投资自己的船厂，顾某开始没有答应，夏某知道顾某有所顾忌，便对他说：“这是正当的通过理财赚钱，不违法。”几句话，便说得顾某动心了。当很快便尝到了甜头后，顾某开始放松警惕，一步步滑入了违法乱纪的深渊。

后来，顾某成为当地一个区的区长，夏某大喜过望，觉得自己的路桥生意可以顺利开展了。此后，他更加频繁地与顾某往来。不久，顾某又在夏某的建议下向他人借贷200万元投资在夏某的另一家公司。

一年后，作为区长和区委副书记的顾某私下授意相关部门，在一项土地项目的土地使用权的竞拍条件中增设资格条件，这使得夏某顺利地拿到了目标土地。而作为回报，顾某也在购置首套房产、二套房产上得到了夏某的鼎力相助。而且，当夏某当初拿到的土地增值后，顾某还得到了1000万元的“分红”。

事发后，顾某面对有关部门的调查表现出了悔意，可早知如此，何必当初呢？顾某为自己的违纪和贪婪付出了沉重的代价。

念好法纪“紧箍咒”，是为了将廉洁“防火墙”修筑在稳固的地基之上，而一旦思想松懈，无视法纪，把公权私用，这堵“墙”便会在歪风邪气吹动之下轰然倒塌。

《史记·酷吏列传》中云：“法令者，治之具，而非制治清浊之源也。”法律是用来治理国家的，绝不能成为腐败的根源。一些别有用心的党员干部明明知法懂法，却仍然知法犯法，挖空心思寻找法律的漏洞，通过各种方式为自己谋利，这样的党员干部无疑是组织中的害群之马，会严重损害党员干部队伍的形象。而最终他们也会以失去自由和遭受严重惩罚，为自己的所作所为付出代价。

吕某是某地水库管理所主任，本是一个安分守己的好干部。但是，当利益和诱惑摆在自己面前时，他的思想不再坚定。

当时吕某所管理的水库库尾、库汊可以公开承包，比较赚钱，不少人打起了承包的主意。按照相关规定，只有家庭境况符合要求才可以通过信用社提供的低息贷款承包。然而，当地比较富裕的几个人却并不想遵守规定，他们私下找到吕某，把“真金白银”直接摆在他面前，希望他可以行方便、开绿灯。

抵制不住诱惑的吕某便开始暗箱操作，使得那几个人不但可以通过信用社获得低息贷款，而且承包年限也由原来的1年变为3年。此后，吕某的胆子变得越来越大，他意识到自己负责的水库是一块“肥肉”，便屡屡通过巧立名目的方式向承包者索贿。后来还在水库除险加固期间，向承包人索贿4万元。

吕某已经严重违规违纪，但事发后他在接受组织调查时，却对自己的所作所为避重就轻，轻描淡写地说自己只不过拿了一些“辛苦费”而已，根本没有触犯任何法律条款。目无法纪的吕某最终以受贿罪被判处10年零6个月有期徒刑。

知律法于心，守法律于行。党员干部在从政中必须在遵纪守法上作出表率，深入地学习党规党纪、法律法规，端正自己的思想，正确看待党纪国法，绝不能在工作中养成“小事犯错，无关痛痒”的观念，要明白一切违反法纪的行为都必须令行禁止。

5. 修好内功，防止被“围猎”

《韩非子·饰邪》中云：“家有常业，虽饥不饿；国有常法，虽危不亡。”为官者有法纪作为依循，在做人和做事上就不会轻易犯错，从这个层面看，遵守法纪就等同于练就自己的“内功”。

党员干部“练好内功”，在心中形成尺度和准绳，这会让他们在工作中对任何事情都衡量标准，不符合标准的便直接划掉，从而有效避免别有用心之人刻意“下套”，也避免自己沦为被“围猎”的对象。

某市区委会原秘书长廖某最初只是一名基层干部，得益于组织的悉心栽培，他先后担任了多个重要职务。在担任乡镇主要领导期间，他工作努力，政绩突出，该乡镇的企业也成为全市乡镇企业的“排头兵”。一时间，廖某春风得意，但也逐渐在日益高升的职位和赞誉声中迷失了自我。

在任职某市区委常委、区政府副区长期间，廖某与某建筑工程公司总经理华某相识。华某几次三番约廖某吃饭、打牌，还在打牌时故意输钱给廖某，并且会三不五时地购买昂贵的野生生蚝、熊胆等贵重礼物送去。很快，两人的关系由陌生转为熟悉，由熟悉变为无话不谈。此后，华某多次是直接送钱给廖某，累计70余万元。

一段时间后，华某觉得自己已经成功打通了廖某这层关系，算是把“猎物”牢牢掌控在手了。之后，他便让廖某给相关部门打招呼、通通气儿，由此顺利拿到了该区工业园道路项目、水利建设项目、农业建设项目以及三级公路建设项目等工程。作为回报，廖某在其中获利不菲。

最终，廖某因受贿罪、滥用职权罪被依法惩戒，他的前程就此断送，本人也失去了自由。他在忏悔录中这样写道：“从某种意义上来说，(我) 相当于是被围猎了吧，其实也就是被围猎了。但归根结底，还是自己党性修为不够，对党纪国法没有形成深刻的认知……这是个巨大的教训，从内因上来说，还是因为没能坚持住理想信念，世界观、人生观、价值观的总开关松了……”

廖某身陷囹圄，幡然醒悟，意识到了自己的错误，也算是为广大党员干部敲响了一记警钟。

党员干部的“内功”修炼不足，必然会被不法之徒有机可乘。纵观那些被“围猎”的党员干部，无一不是在利益与诱惑面前逐渐丧失了底线，一口咬住了心怀不轨之人抛出的“诱饵”。

苏轼的《晁错论》中云：“天下之患，最不可为者，名为治平无事，而其实有不测之忧。”正所谓静水流深，有时候表面看起来越是安全无忧的地方，往往越藏匿着巨大的风险。因而，党员干部在正风反腐的大潮中必须高举廉洁大旗，坚持全面从严治党的战略方针，苦练清廉功夫、提升党性觉悟，拒做被“围猎”的对象。

清朝时期有一位有名的“帽子官员”。因为他勤政爱民，当地老百姓对他十分尊重，每逢过年过节，百姓们都会自发地为他送去一些礼物。普通百姓之家拿不出贵重礼物，只能送一些日常用品。

“帽子官员”每次都照单全收，不过却会把谁家送了什么都一一记录在册，过后会让手下人按照名册一一归还。别人问他既然不愿意收取礼物，为什么不直接拒绝，而多出一道工序呢？

他笑着回答：“百姓是出于信任我、感谢我才给我送礼物，如果我不收，他们肯定不愿离去，并且会觉得我是因为嫌弃他们所送的礼物才拒收的。下一次，他们或许会为了让我收下礼物而倾其所有，这是我最不想看到的。因此，我收下礼物只是一个‘缓兵之计’，怎么会真的收下呢？那不啻是对我乌纱帽的亵渎。”也正如此，他才有了“帽子官员”的美誉。

可以看出，“帽子官员”非常注重“内功”的修炼，绝不让自己有被“围猎”的可能。能够做到这一点的先决条件，便是本身具有极强的责任感，明白自己要承担的是什么。古人云：“任重者其忧不可以不深，位高者其责不可不厚。”肩负重担的人，必须要比其他人有更深的忧虑，地位高的人也必须承担比他人更大的责任，这是自然规律，也是社会规律。一个人若没有担责的思想和能力，人民群众又如何能安心把重权交给他呢？或者说，又为什么把重权托付给他呢？

从这个角度看，党员干部必须认清自己的角色，始终保持政治清醒、立场坚定。因为有太多不怀好意之人把党员干部作为“围猎”对象，说到底，这些人看中的是党员干部手中的权力，他们需要借助这些权力为自己行方便、谋利益。如果党员干部能够提升政治敏锐性和政治鉴别力，把自己的权力置于廉洁之下，恐怕那些别有用心之人就无计可施了。可见，加强“内功”修炼，会让党员干部从被“围猎”对象摇身一变，成为站在高处的“猎人”，从而将不法之徒的一举一动一览无余。

归根结底，党员干部要想修炼好“内功”，关键就在于不断学习、不断实践、不断总结，永葆强烈的事业心、责任感，逐步提升职业素养，守初心、担使命，永远不忘全心全意为人民服务的宗旨。

6. 畏法度者快乐，守规矩者自由

法度和规矩会对人产生束缚感，但这种束缚恰恰是为了让人们心中有界限，在为人处世上有章可循、有据可依。朱熹云：“君子之心，常怀敬畏。”在这里，刨除党员干部这一群体，对我们普通人来说，怀有敬畏之心也会让自己在人际交往中，乃至于自己的整个人生中受益良多。因为心怀敬畏，我们不会冒冒失失；因为心怀敬畏，我们在做事上会更加小心谨慎；因为心怀敬畏，我们多了一份耐心与隐忍。

而对党员干部来说，心怀敬畏，或者说畏法度、守规矩，也是保证清正廉洁的前提。《淮南子》云：“矩不正，不可为方；规不正，不可为圆。”身为党员干部，必须要做到心正、身正，对法度充满敬畏和尊重，才会收获喜乐、幸福的人生；反之，从心所欲，频频逾矩，很快就会因为过度放纵自我而失去最珍贵的自由。

某省委原常委、市委原书记徐某因涉嫌利用职务之便为亲友的经营活动谋利，并在干部选用及企业经营等方面为他人行方便，收受他人共计2000余万人民币而被中央纪委开除党籍，并将其涉嫌犯罪的问题移送至司法机关依法处理。

徐某出事后，有些人觉得理应如此，而有些人却觉得不可思议，因为徐某太会“演戏”了。平日里，他总是把“守纪律、讲规矩”挂在嘴边，在检查、考核相关部门的党风廉政建设工作、传达学习省委会议精神等方面，也曾大讲特讲“要深刻理解严守政治纪律的严肃性，时刻紧绷政治纪律和政治规矩这根弦”，可谓言辞恳切，令人动容。甚至于，在他“落马”的当天，由他主持的领导干部廉政警示教育报告还在当地的媒体上占据着头条，这无疑是巨大的讽刺。

徐某很善于为自己树立形象，还把讲纪律、守规矩写进文章。对于反腐，他还有自己的一番“高论”：“要始终保持查办案件的强劲势头，对腐败分子，不论涉及谁，都要一查到底、坚决惩处。”

嘴上说得好听，但他的所作所为却是对党规法纪的亵渎。据悉，他借着在中央党校学习的机会，与一家房地产公司的总经理在一处秘密会所吃喝玩乐，被查处后，从他家中搜出170多张购物卡，合计金额达500余万元。

党的纪律只存在于他的嘴上，不曾对他产生任何约束力。他曾多次找到所在省市的领导，让其为自己的女婿与他人合办的公司批地皮，还曾与一位房地产大亨结成利益同盟，一边为对方找好处、行方便，一边收取巨额贿赂。经查实，该名房地产大亨曾先后为徐某送现金、房产、名人字画等财物，累计达1500余万元人民币。

之后，那位房地产大亨被捕，徐某因为害怕被“供出来”而惶惶不可终日，彻夜难眠。后来他在自己的忏悔书中写道：“每天我都很难入睡，每每半夜便会惊醒，吓出一身冷汗，总在想不知道什么时候自己就会出事。白天也是心不在焉，省委通知开会，生怕在会场上就被带走；上级领导约谈工作，也是心不在焉。开会时，在台上都是强打精神，一个人独处时则会唉声叹气……”

不难看出，徐某明知自己的所作所为触犯了法纪，可在事发之前依然不思悔改，直到“搭档”被捕，他才意识到了问题的严重性。不过此时的他已在“腐败的箭上”，等待他的只有法律的制裁。

我们从徐某的忏悔书中可以读出他当时的心境，是自责且自怨的，也充满了无限的悔恨，因为他知道这条路已经走到了尽头，失去自由将是他必须要面对的。

《史记》中云：“人道经纬万端，规矩无所不贯，诱进以仁义，束缚以刑罚。”这句话的意思是，规矩存在于人类社会之中，千变万化，无时不有，但归根结底，只有一条基本准则，即教导人们知晓仁义道德，并要用刑罚加以约束。

对今天的党员干部来说，不守规矩、不畏法纪，到头来必将失去快乐、失去自由，最终失去自我。所以，党员干部要严守纪律、恪守规矩，把这当成对自身党性的重要检验。

一次，明太祖朱元璋提出了“快乐”这个话题，与大臣们进行了深入讨论。当时他对大臣们说：“天下何人最快乐？”大臣们对这个问题展开了丰富的联想，并各抒己见。有人说功成名就的人最快乐，也有人说获取功名的人最快乐，还有人说赚得无数金银财宝的人最快乐……

大臣们都是站在各自的角度来思考这个问题的，给出的答案都有各自的道理。朱元璋听完却一直摇头，他对这些答案并不满意。这时，一位叫万纲的老臣给出了自己的答案：“臣以为，畏法度者最快乐！”朱元璋听后，大为赞赏。

真正想获得快乐的人，必定要对法律法规心存敬畏，从而才能够忠于职守，脚踏实地地生活。这样的人也许不会变得富甲一方，可内心的充盈和喜悦却远比金山银山更珍贵，而这份快乐也不是其他物质可以换来的。

正所谓“没有规矩不成方圆”，不讲规矩者便不会守法度、遵纪律，就很容易在面对利益和诱惑时迈出错误的一步，到头来只会望“廉”兴叹，徒增悲哀。

第五章

诠释为民服务，践行初心使命

全心全意为人民服务，是我党始终坚持的根本宗旨。党员干部必须要把人民的利益摆在首位，在工作中勇于担当，恪尽职守，坚定不移地为人民的利益而奋斗。当这种崇高理想成为党员干部的第一理想，那么他们无论在生活中还是工作中，自然会做到权为民所用、情为民所系、利为民所谋。

1. 一枝一叶，总关民情

清代著名书画家、文学家郑板桥的《潍县署中画竹呈年伯包大中丞括》这首诗，体现出一种“身在官衙、心系百姓”的情怀，全诗为：“衙斋卧听萧萧竹，疑是民间疾苦声。些小吾曹州县吏，一枝一叶总关情。”作者通过自然界的风竹声音，联想到了百姓疾苦，这份对百姓的牵挂之心是难能可贵的，由此表明，那些真正把百姓放在心上的为官从政者，总是时刻不忘自己的使命。

合格的党员干部，应始终牢记初心使命，把为民服务、为民担当、为民务实、为民解忧、为民谋福当成从政工作的核心和根本，树立人民利益无小事的理想信念，灵活地、深入地、细致地做好群众工作，逐步提升老百姓的幸福感、安全感。

某市的市民服务中心在当地颇有名气，因为它给市民带去了极大的便利。这得益于该中心定期培训窗口的工作人员，培训的内容除了业务知识，还有思想道德与服务心理学等知识。

一天，王大爷来到市民服务中心办事，一走进服务大厅，他便感受到了工作人员的热情，工作人员耐心地把王大爷所办事项的流程一一详述，还把重点内容写了下来，避免老人忘记。

看到王大爷不懂得操作智能机器，工作人员小胡马上走上前来，细心地指导王大爷完成智能认证和人脸识别。为了让王大爷听得更清楚，小胡还弯下腰来，语速放慢，一字一句地讲给王大爷。最后，王大爷用了很短的时间便办完了事情，这完全超出他的预想。

王大爷很感激小胡，小胡则微笑着对王大爷说："这是我们的分内事，是我们应该做的。"简单的一句话便道出了基层党员一心为民的真心与厚意。

市民服务中心为民服务本是理所应当的，但是有不少服务机构却并不能提供耐心、细致的服务，他们只是做了"分内事"，却没有站在老百姓的角度和立场看待问题，他们对"分内事"的理解与案例中小胡的那句"这是我们的分内事，是我们应该做的"有着天渊之别。可见，在工作中对老百姓有共情心，那么所做的哪怕只是一件件不值一提的小事，也总是一枝一叶总关民情的。

党员干部与群众有着"鱼水之情"，彼此互为依托，不可分割。党员干部若脱离了群众，把心思都放在谋取个人利益上，就自然难以在工作中做到"体察民情"，这自然有悖于全心全意为人民服务的党的宗旨。因而，只有常常拂拭内心，拭去私欲的尘埃，把个人利益，乃至于个人安危抛在身后，才会尽显公仆本色。

宋仁宗天圣二年（1024年），范仲淹任职兴化县县令，上任后他发现当地的堤坝严重受损。每当返潮，当地百姓的盐田就会遭殃，往往会把老百姓的田地悉数淹没，导致大量农民遭灾，当地百姓苦不堪言。

看到这种现实，范仲淹马上向上级作了汇报，得到朝廷的批准后，他便着手修建堤坝。他在各州征调来几万名农夫修堤坝，谁知刚开始修建便遇到了难题。在修筑的时候遭遇大风暴，有超过百名农夫被卷入水中丧命。

消息很快传到朝中，众人议论纷纷，不知应该继续修建还是暂时停工。当地的老百姓也是诚惶诚恐，认为这是老天爷不让他们修堤坝。面对这种情况，范仲淹冲在了最前头，每次遭遇大潮时，大家都因害怕而步步退后，他却站在前头为众人作榜样，毫不畏惧，鼓舞了众人的士气。

范仲淹不顾个人安危的举动深深地触动了所有人，他也让大家知道，风浪并没有那么可怕。得益于范仲淹以身作则的鼓舞，大家鼓足干劲，继续修建堤坝。堤坝修建完工，老百姓的利益得到了切实的保障。为了纪念范仲淹，人们便把这个堤坝命名为“范公堤”。

党员干部对人民应怀有无限深情厚谊，要发自内心地爱人民，从“一枝一叶”上去关心人民。而现如今的不少党员干部在大是大非面前尚且能做到循规蹈矩，按部就班，可对待细枝末节的小事——往往这些小事才是真正关乎民生的大事——却是一副满不在乎的样子，认为这些小事无关痛痒，不能左右事情的发展。殊不知，正是这种错误的从政观才导致一大批党员干部变得思想松懈，党员干部只有与老百姓之间产生“深情厚谊”，才会事事以民为先。

首先，提升思想认知。党员干部要慎重地看待党与群众的关系，两者的关系如同种子与土地，没有肥沃的土壤，再优良的种子也不可能生长。只有党员干部提升思想维度和深度，从心底认识到权力来自人民，才不会以权谋私、公权私用，做出危害党和国家、人民利益的事情。

其次，培养身份认同。党员干部要认识到人民群众是真正的主人，更要认识到自己也是人民群众中的一员，绝不能因为掌握权力而搞特殊，形成严重的“官本位”思想。所以，党员干部必须放下“无谓的架子”，要有甘愿为老百姓吃亏的精神，这样的党员干部才是贴近百姓的好干部。

最后，树立自我形象。党员干部要学习和效法古代一身正气、两袖清风的清官、廉官，不贪不占、无私无畏，把为民请命、为民作主当成自己的从政准则，树立正直、勤政、务实、清正的干部形象。而当党员干部在内心对自己有了健康、正确的认知，在举动上便会遵从自己的内心，把群众放在首位，不放过任何为人民谋幸福的机会。

群众利益无小事，为民服务见初心。党员干部要始终把人民群众的“小事”当成自己的“大事”，完美地展现出一名党员干部的实干情怀和党员本色。

2. 勇于担当，恪尽职守

《贞观政要》中云：“以天下为公，无私于物。”手握党和国家、人民赋予的权力的党员干部，应该怀有的是为国为民的情怀和理想，恪尽职守、勇于担当、廉洁从政，时刻为老百姓着想，把老百姓的利益摆在首位。然而，总有少数党员干部认不清自己的身份，摆不正自己的位置，遇到事情推诿退缩，缺乏担当意识，这样的党员干部自然得不到人民的信任，更可怕的是，他们还会在利益和诱惑面前轻易“失身”，继而做出损害党和国家、人民利益的事情。

担当才能有作为，身为党员干部，必须要强化自身的党性修养，提升个人道德品质，这是在为清廉不贪打基础，也是在为永葆一颗廉心蓄能。从廉洁的角度看，持正守廉的党员干部才能做到克己奉公，才能真正把人民的利益摆在前头，才能恪尽职守，做好自己的分内事。

刘二姣是古陂镇圳玄村村干部，在任职的二十多年中，她常挂在嘴边的一句话是：“世上无难事，只怕有心人，对待工作要用心，把认真落实到行动上。”她是这样说的，也是这样做的。

全民反诈工作陆续开展以来，作为村干部的刘二姣虽然已经54岁，但也不甘示弱，认真地学习了反诈知识和App安装流程，并且不怕吃苦、态度积极，全身心地投入具体的反诈工作中。每天一大早，她就会挨家挨户地向村民宣传反诈常识和防范措施，还协助不少村民安装反诈App。

她说：“在待人处世中，做到诚心、用情、耐心细致，服务好每一个村民，帮助他们做些力所能及的事，也是我作为一名基层党员干部的职责所在，更是我们抓工作、抓落实的前提。”

古陂镇积极推动防溺水工作时，刘二姣依然身先士卒，每天与村民进行面对面宣传，一遍又一遍地把防溺水安全知识传递给每一个村民，逐步提升他们的安全意识。

她做的这些工作细碎又烦琐，可她始终尽职尽责，牢记一名党员的职责和身份。她说：“虽然我们所做的都是点点滴滴的小事，但是这么一来，就得到了村民的认可，从而拉近了与村民的距离，工作开展起来也更得心应手了。”

真正把人民放在心上的党员干部，不会计较得失，更不会在乎自己所做事情的大小。他们的心中有人民，所作所为自然无愧于人民，也无愧于党和国家，更无愧于自己，而这样的党员干部，在从政之路上也必远离贪腐，因为他们始终与人民群众站在一起。

贪者从政，修身齐家不足而谋权夺利；廉者从政，修身齐家有余而造福世人。一贪一廉，高下立判。退一步讲，党员干部的从政思想中应当摒弃“做大事”的观念，无须树立从政必须光耀门楣的思想，或者说，即便有这样的思想，也一定要建立在个人能力范围内，绝不能好高骛远，脚下无“根”。一旦超出个人的能力范围，就容易以旁门左道的方式达成目的，也就容易与贪腐产生关联。

立足本职工作，加强作风建设，坚守凡是党规定的坚决执行、凡是党禁止的坚决不做的原则，才能从思想根源上垒砌廉政思想防线，提升防腐拒变能力。

“任局长，登封不能没有您啊!”这是来自数万名登封群众的呼声。他们口中的“任局长”，便是有“女包公”“任青天”“女神警”之称的河南省公安系统有史以来的第一位女公安局长任长霞。

1983年，任长霞自警校毕业后进入郑州市公安局中原分局工作，凭借着吃苦耐劳的精神，她在办案方面的“天赋”逐渐凸显出来。在中原分局预审科工作期间，由她深挖并侦破的积案多达1072起，追捕犯罪嫌疑人950余人。

2001年，任长霞成为登封市公安局局长。她刚到登封市，便着力调查当地的黑恶势力王松团伙。王松并没有把这位刚上任的女公安局局长放在眼里，但也时刻留意着警方的动向。他发现警方竟然并不似以往那样大张旗鼓，可又不是一点动静都没有。他暗自琢磨，难道这位女局长在等自己“通融”?

于是，他提着一箱现金直接来到任长霞的办公室，直接表示了自己的“诚意”。任长霞见状，厉声道：“你敢贿赂国家公职人员，罪加一等!”随后她直接拿出手铐，在旁的警员也一拥而上，将这个公然贿赂公安局局长的胆大妄为之徒逮捕了。

发生在任长霞身上的类似这样的事情并不少，她也凭借着自己的刚直不阿、恪尽职守而闻名登封市。

在恪尽职守、勤勉尽责上，任长霞发挥出了一名党员干部应有的作用和能力。一次，她收到了一封来自白沙湖畔村民的信件，是关于控告当地带有黑社会性质犯罪团伙的卑劣行径的。该犯罪团队背靠“大树”，导致很多百姓有冤无处申，只能忍气吞声。

在信的末尾，任长霞看到了百余名村民的签名和血红掌印，她非常气愤，下决心一定要铲除这个团伙。很快，她成立了专案组，开始四下走访。经过严密安排和部署，这个犯罪组织终于被成功打掉。当时，为了庆祝，很多群众自发地敲锣打鼓，甚至放起了鞭炮。由于任长霞接连侦破各种要案、疑案，并始终以为人民群众排忧解难为己任，所以大家都说她是一位“女包公”。

只可惜天妒英才，2004 年 4 月 14 日晚，任长霞在郑州市公安局汇报完工作后，当晚赶回登封部署一起重大案件，却在途中不幸遭遇车祸，因公殉职，时年 40 岁。三天后，在长 4 公里、宽 60 米的少林大道上摆满了鲜花和挽幛，数万名群众悲痛万分，一路护送着她走完最后一段路。

忠诚卫士，浩气长存。恪尽职守、勇担使命的任长霞用自己的生命谱写了壮烈的篇章，也用自己的一举一动彰显了一名党员的政治底色。

立党为公、执政为民，这是党员干部必须履行的责任，也是他们身为国家公职人员应当承担的义务，党员干部只有牢记这份责任和义务，才能立足于岗位，做好本职工作，成为一名廉洁自律的合格干部。

3. 刚正不阿，公道正派

唐代刘禹锡的《司空奚公神道碑》中云："守法持正，嶷如秋山。"意思是，恪守法令制度，主持正义，要像高山一般不可动摇。换句话说，党员干部必须公道正派，刚正不阿，这样才能与腐败斗争到底，才能在面对利益和诱惑时不为所动。

欲修其身者，必先正其心。党员干部在政治上坚定，在思想上坦荡，时刻保持清醒，牢固地树立正确的"三观"，就会养成见微知著的政治敏锐性，在原则问题面前也不会栽跟头。而这一切都得益于一颗正直、干净、无私的心。

古往今来，刚直不阿的官员总会得到世人的赞颂，因为他们绝不会用公权谋私利，宁愿自己受苦受穷、吃亏受气，也绝不贪占任何便宜，不会牺牲老百姓的利益换取个人的便利，更不允许不公道的事情发生。

海瑞是历史上有名的清官，他"严惩恶少"的故事也世代相传，在整个明朝历史时期，大小官员千千万，但能比得过海瑞，甚至能够与海瑞齐名者却是凤毛麟角。三百年来无人能出其右，他已然成了"刚正不阿、正气凛然"的代名词。

海瑞初入仕途时便以清廉正直著称，之后他被外放到淳安，做了一名小小的七品县令。虽然只是一个芝麻小官，每天的公务却十分繁忙，海瑞兢兢业业，从不埋怨。在职期间，在外则体察民情，在内则公正断案，明察秋毫，从不收受礼贿。

海瑞虽然位不高权不重，可始终奉行着自己的做人之本、为官之道，就算穿的是粗布麻衣、吃的是清茶淡饭，他也毫不在乎。他的廉洁和公正被口口相传，就连朝中的大官也都知道了海瑞的名字。

当时，浙直总督、抗倭名将胡宗宪曾亲口对下属和同僚讲海瑞勤俭的事情，他说："听说昨天海瑞给母亲过生日，一向节俭的他只买了两斤肉孝敬母亲，没有多余的钱置办寿宴。古人说'古孝子多清官'，现在看来诚不我欺。如果朝中的官员都像海瑞一样清廉，还用惧怕倭寇吗？天下早就太平兴盛了。"

胡宗宪是抗倭名将，他对海瑞有如此之高的评价，可见海瑞的正直与清廉。

忙于政务的胡宗宪因为疏于对小儿子胡柏奇的管教，使得小儿子养成了胡作非为的习性。一次，胡柏奇路过淳安县，由于县内吏治清正，杜绝迎来送往的事情，所以驿吏一时之间难以满足胡柏奇的各种要求。胡柏奇盛怒之下，居然把驿吏吊起来痛打了一顿，并叫嚷着让县令亲自来道歉。

海瑞得知此事后，马上带着衙役围住驿站，胡柏奇见状，一副镇定自若的样子，并说："我是浙直总督胡大人的儿子，你们来势汹汹，想要干什么？"胡柏奇原以为自报家门后，众人便会对自己俯首帖耳，却不想碰到的是刚直正派的海瑞。

面对气焰嚣张的胡柏奇，海瑞直接让手下人制服了他，还对手下人解释道："胡总督在巡视各地时，已经明文规定不允许铺张浪费，但这个人一身华贵衣衫，纨绔之相，肯定不是胡总督的儿子，你们先把他拿下，待本官向胡总督禀明此事。"

而后，海瑞直接将胡柏奇随身带着的黄金悉数没收充公。事后，他派人向胡宗宪汇报了此事。胡宗宪知道自己的儿子有错在先，也只能“打脱牙咽进肚子”了。此后，海瑞公事公办、不畏强权、一身正气的名声更胜从前。

公道正派、刚正耿直，理应是一名党员干部具备的从政品质，它既是一种思想作风，也是一种人性的闪光点。换个角度看，这种特质也会催生出党员干部的廉洁作风。这很容易理解，当党员干部全身心地投入到为人民服务的伟大事业中，也就会逐步提升人格力量，不断增强号召力、影响力，会自觉地抵御各种歪风邪气，自然不会与贪腐之徒同流合污，因此，党员干部必须加强自身修养，做个公道正派的人。

那么，党员干部要从哪些方面锤炼党性修养，成为刚正不阿、敢于担当、正气浩然的好干部呢？

首先，立大志，淡名利。一个拥有远大志向和抱负的人，是不会轻易被眼前的小利小惠所迷惑的，他们为了实现志向，会努力提升自己的技能、品质和素养，常葆学习之心、常怀律己之心，能够为了自己的理想而耐住寂寞、抵御诱惑，所以，党员干部也要先立志。而对党员干部来说，全心全意为人民服务便是终身的大志，所行所为都不能偏离这一志向，自然会站在贪污腐败的对立面。

其次，勤耕耘，甘奉献。党员干部在工作中要树立不计较个人得失，勤勉工作，兢兢业业，一切为了党和国家、人民利益的思想，形成强烈的主人翁意识，发挥先锋模范作用，如此便会剔除贪便宜、占利益的恶习，养成正直无私、秉公处世的习惯。

再次，去私心，守节操。党员干部要在心中放一把尺，用以衡量各种人和各种事，当人与事超过了标准，要果断与之划清界限。做到这一点的前提，便是控制个人欲望，斩断私心杂念，高风亮节，把自己的心置于公道和道德的天平上，这样就会有抵御歪风邪气的勇气和信心，成为表里如一、心怀公正的好干部。

最后，不屈服，敢担当。党员干部的坚忍之心源于在工作中的一心为公，当一个人不贪图名利，不为一己之私，便会迸发出巨大的能量，使得任何“牛鬼蛇神”都不敢靠近，这种正能量也会成为一个人不屈服于权势，甚至恶势力的后台和仰仗。不屈服于权贵，在做事上就不会瞻前顾后、畏首畏尾，就会敢于较真儿、敢管敢抓、敢于负责到底。

归根结底，党员干部要形成对内严格、对外平等的工作作风，堂堂正正做人、规规矩矩做事，在思想上坦荡、在作风上清白，以此便会扫清一切“廉洁障碍”，成为人民群众信得过的“勤务员”。

4. 脚踏实地，奋发有为

只有脚踏实地的人才会坚持一切从实际出发，不搞花架子，从点滴入手，从具体的事情抓起，保持实事求是，理论与实际密切相连的工作作风和处事态度。

《荀子·劝学》中云：“不积跬步，无以至千里；不积小流，无以成江海。”做任何事都要从一点一滴做起，都要慢慢地积累。换句话说，做人做事不脚踏实地，最终只会被淘汰，只有那些能俯下身子，一步一个脚印地耐心攀登的人，才会走上人生和事业的巅峰，才会奋发向上，成就一番伟业。

商王小乙之子、商王盘庚的侄子武丁，是商朝第23任国君。他在位期间，勤于政事、体恤民情、任人唯贤，在他的英明领导下，商朝的政治、军事和文化都得到了巨大的发展，史称“武丁盛世”。

在武丁继承王位之前，他的父亲小乙便对贤臣甘盘说：“将来我想让武丁继承我的王位，可又担心他不能脚踏实地，真是烦恼啊！”

甘盘说：“要想成为一个英明的君主，首先要做到廉洁，可以为百姓说话，其次要亲身体验平民百姓的生活，这样能够提升他的能力，更会感同身受，意识到老百姓的不易。”

小乙听取了甘盘的建议，把武丁“放逐”到外地。到了外地之后，武丁接触到了很多平民百姓，了解了当地人的生活，偶尔他还会和当地人一起去田间劳作、砍柴，养成了勤俭朴实的品质。

在“外地”的那段时间，武丁开始懂得廉洁的重要性，也理解了父亲此举的用意。后来他继承了王位，成为商朝的国君，但仍然保持着勤俭廉洁的作风，时刻不忘百姓疾苦。因为他已经明白，一个王朝要想持续兴盛，长治久安，就必须首先得到老百姓的支持，为此，身为国君的他也会时不时地来到民间，走进百姓之中，与他们一起劳作。他还减免了很多赋税，并以王室的名义为百姓发放了很多物资。人们感念这样一位好君主，都十分爱戴他、拥护他。

身为一国之君的武丁能够放下身段，主动走进百姓之间，体味民间疾苦，这一点是难能可贵的，体现了他脚踏实地的一面。贵为一国之君，尚且能够放下架子，真正地与民同劳、与民同乐，那么我们的党员干部是否也能坚持走群众路线，从群众中来到群众中去呢？

说到底，党员干部也是普通百姓，是从基层走出来的人民权益的代表，不应有特权思想，相反，应该牢固地树立“我将无我，不负人民”的思想观念和脚踏实地的工作作风，强调实干、反对空谈、重视落实，坚决杜绝做“形象工程”，继而慢慢地形成“功成不必在我、功成必定有我”的历史担当。

32岁的蒋青淞是简阳市纪委监委第二纪检监察室副主任，2017年3月，他任职简阳市石钟镇火烧庙村党支部第一书记。在工作岗位上兢兢业业的他，本着“吃苦在前、享乐在后”的从政理念，在火烧庙村建成了标准化大棚30余亩，种植羊肚菌、甜瓜等作物，发展藤椒产业200余亩。2020年，在他和群众的共同努力下，火烧庙村人均纯收入达1万余元。

蒋青淞是个没有架子的干部，始终与群众苦在一起、干在一起，每天都忙于火烧庙村的事务和羊肚菌打包送货工作。

当初，他为了转变群众观念，与村干部走出村子，到外面学习先进的有关农业产业发展的经验，而后走访了77户贫困户，考察了村里的自然条件，最终与村干部决定从种植经济作物入手，通过发展村级集体经济增加村民的收入。

一开始，他决定在村子里种植紫山药，却因为遭受涝害而功亏一篑。后来经过反复考察论证，他和村干部开始尝试建设蔬菜大棚，示范种植羊肚菌等经济作物。有了前车之鉴，这次他邀请了农科院的专家到村里检测土质，改良土壤，最终确定了每年11月到次年3月种植羊肚菌，3月到11月种植甜瓜、苦瓜等作物，全年循环的种植计划。

历经几年的发展，今天的火烧庙村已经大变模样，产业初具规模。现如今，蒋青淞便开始利用网络平台做起了“直播带货”。他说：“还记得习近平总书记对广大青年的亲切嘱托：‘新时代中国青年要勇于砥砺奋斗。’奋斗是青春最亮丽的底色，让我们用激情点燃希望之火，用汗水浇灌成功之花，用美好青春诠释初心使命，谱写新时代的青春之歌。”

为政贵在行。青年干部蒋青淞，用自己的实干精神完美地诠释了什么是“脚踏实地、奋发有为”，他以一颗“极静”之心解决了摆在火烧庙村村民面前一个个实实在在的难题，带领他们走上了致富之路。这样的党员干部，是真正把人民放在心头，全心全意为人民服务的好榜样。

我们的党员干部，在工作中要定好位、走好路，立足于自己的岗位，学会弯下腰、沉下心，敢于担当，脚踏实地，如此才能在大是大非面前头脑清醒、立场坚定。退一步讲，像蒋青淞这样的“人民勤务兵”，坚定不移地走群众路线，又如何会在利益和诱惑面前低头，成为腐败阵营中的一员呢？

5. 守职业操守，养浩然之气

党员干部的操守和品行具有极强的示范和带动作用，原因很简单，党员干部是一个“既普通又特殊”的群体。

说普通，是因为党员干部来自群众，是从老百姓中间走出来的人民利益的“代言人”；说特殊，是因为他们手中握有权力，一旦做出有违道德和公道的事情，就会直接损害人民、集体及国家的利益。所以，党员干部必须在自己的岗位上坚守职业操守，如此才不会辜负人民群众给予的信任和重托。

要想坚守职业操守，前提便是“养一身浩然之气”。孟子曰，“吾善养吾浩然之气”“其为气也，至大至刚，以直养而无害，则塞于天地之间。其为气也，配义与道；无是，馁也。是集义所生者，非义袭而取之也”。

简单来说，这里的浩然之气即浩大刚正的精神。在孟子看来，人一旦有了浩然之气，具备了这股精神力量，在面对外界形形色色的利益和诱惑甚至威胁时才会不为所动、从容不迫。反之，没有了这股精神力量，人就很难在面临“抉择”时做出最恰当的选择。换句话说，党员干部若不能涵养“浩然之气”，势必会乱了心智，导致思想防线溃散、精神堤坝决口。

人们常说，“权力越大，责任就越大”。但这句话在某市委原常委、某经济技术开发区党工委原书记何某看来，要改一改说法，变成“权力越大，赚得越多”。他之所以会如此胆大妄为，是因为当他身处高位后，发现通过权力可以为自己带来的好处实在太多。

何某很喜欢喝酒。据查，在2013年到2017年间，他多次要求下属挪用公款为他违规购买某品牌白酒，共计1470瓶。他还以宴请客商的名义超规格用菜、用酒，对此，他无所忌惮，甚至产生了“在经开区，我就是‘大家长’，我的地盘我做主”的想法。足见他是一个全然没有职业操守的党员干部。而且，他还多次公权私用，为自己的女婿开绿灯。

他女婿廖某打算开一家物流公司，他便“动动手指”，背地里让经开区的某部门违规降低了投资强度，结果让女婿低价获得了土地，之后开始经营物流仓储业务。最终，廖某共计获得非法利益230多万元。

法网恢恢，疏而不漏。何某终究为自己的贪婪和没有职业操守的行为付出了代价——他因收受贿赂655万余元，以及滥用职权造成巨大损失，被依法判处有期徒刑9年6个月。

不难看出，党员干部一旦没了职业操守，就必然会破坏规矩，案例中的何某显然把自己当成了“土皇帝”“山大王”，全然不把党规党纪放在心中，这种没有职业操守的党员干部迟早要出问题。

古语云：“欲知平直，则必准绳；欲知方圆，则必规矩。”守规矩才不会出问题，才不会轻易地被物欲迷惑和控制。党员干部在守规矩的同时，也必须要辨明贪与廉的界限，做到绝不踩线、绝不跨线，牢固树立底线意识，自觉把法律、纪律、政策和道德这四条底线印刻在心中。

党员干部内心有了准绳，在从政上就会有依循，在工作中也会形成标准，自然不会跨界越线，做出有损党和国家、人民利益的事情。

施世纶是康熙年间善断冤假错案的一名清官，为官数十载，始终刚直不阿、勤于政事、廉己恤民，被康熙皇帝誉为“天下第一清官”。

公元1693年，施世纶任职江宁知府，上任后除旧布新，严惩贪吏，使得当地政清人和。而就在此时，他的父亲病故，按例他要卸任归乡丁忧守孝。临行当天，万民夹道相送，舍不得他离开，但他必须要走。于是，乡民自发地每人捐出一文钱，在府衙门前建起一座小亭以表怀念，取名“一文亭”。捐钱的民众说：“施大人为民父母，却不滥取民一文，我等自捐一文建一文亭，就是永远记住这个一文不取的清官啊！”

到了晚年，施世纶任职江苏漕运总督。这是个不折不扣的“肥缺”，前面几任总督每年都会得到百万两以上的白银。但施世纶分文不取，只靠自己的俸禄生活。他身先士卒，亲自下到漕运基层，整顿其中存在的敲诈、克扣、中饱私囊等问题，使得漕政风气一改从前。他的事迹传到康熙皇帝耳中后，才有了那句高度的赞誉：“施世纶真乃天下第一清官也!”

清廉公正的施世纶不但坚守职业操守，还有一身浩然正气。某一年，他奉命去陕西协助陕甘总督鄂海督办军饷，当时正赶上陕西遭遇旱情，闹饥荒。但他却发现在如此灾情之下，鄂海与西安和凤翔两地的知府以旱情的名义大肆贪污，这使得当地的粮食储备更加紧张，于是他马上奏请朝廷，揭发他们的罪状。

鄂海也不甘示弱，得知施世纶的儿子任职知府且在自己的管辖之下后，便要挟施世纶，如果上奏朝廷就杀掉他儿子。施世纶镇定自若，厉声道：“我从做官之日起，早已把生死置之度外，我连自己的命都不放在眼里，还怕你害我儿子吗?”于是他坚持上奏朝廷，使得鄂海等人得到了应有的惩办。

一心为公的施世纶由于过度劳累，病患缠身。公元1722年5月，他在淮安任上辞世，终年64岁。

明代薛瑄的《读书录》中云：“君子浩然之气，不胜其大，小人自满之气，不胜其小。”施世纶自然是君子，有浩然之气，能坚守职业操守，所以才能被任职之地的百姓爱戴，捐钱建起“一文亭”，才能被康熙皇帝称为“天下第一清官”。

涵养浩然之气，会让党员干部的心中有正义，行事公正，把公与私严格地分割开来，从而形成思想与精神的坚不可摧的铠甲，不受外界的歪风邪气的侵扰。

党员干部坚守职业操守，也就是坚定党员标准，党员干部只有心中有正气，才能更好地廉洁从政，得到人民群众的认可和拥戴，无愧于党和人民的嘱托。

第六章

坚守道德底线，廉洁自守胜金玉

今天的党员干部，要把培养高尚的道德情操作为人生的必修课，用社会公德、职业道德等规范来约束自己的言行举止，洁身自好，警钟长鸣，为自己设定更高的标准、更严的要求，立足于岗位，修身、修心，如此才能绷紧“廉洁弦”，成为一名清正的党员干部。

1. 独善其身，做事要讲原则

原则是什么？它是一个人做事的底线，更是立身之本。而对党员干部来说，原则更多的是对他们行为举止的约束。行有所止，言有所戒，党员干部在从政之路上必须谨小慎微，否则很容易一头栽进腐败的泥潭。

“心不动于微利之诱，目不眩于五色之惑。”对党员干部来说，利益与诱惑总是如影随形，只因为他们手中握有权力，所以，党员干部必须擦亮双眼，要懂得甄别和分辨，同时多向先进模范学习，与他们交朋友，在学习和接受熏陶的过程中锤炼党性、陶冶情操、净化心灵，也就不会为权力所累，从而成为一个有原则的干部。

讲原则是党员干部从政的基本要求，失去了原则的约束，就会如脱缰的野马、失控的列车，损人伤己。纵观古代的清廉官员，无一不有洁身自爱、独善其身的高尚情操，他们用自己的言行举止诠释着清与明、廉与正。

张伯行是清朝历史上第三个，也是最后一个可以从祀孔庙的清官大儒。他能够得此荣耀，就在于做事讲原则，处事为公、清廉自奉，绝不随波逐流，绝不做贪赃枉法之事。

张伯行出身“白丁”，毫无家世背景，而且资历普通，但是无论在哪里任职，都深受百姓拥护和爱戴，归根结底，便是一个“廉”字。他为人清醒，从不贪占任何便宜，更不会因为自己身为官吏便向他人索贿，同时也坚决反对行贿。

在任职山东济宁道期间，一次他回京述职，觐见康熙帝。当时，负责安排觐见事宜的是吏部首司——文选清吏司，这个部门专门负责官员评级考核、选补升调等事宜。部门的负责人是一名陈姓官员，他对张伯行说："觐见陛下的事情，你准备妥当了吗？"

张伯行马上说了一些上奏的政见，并问对方什么时候安排觐见。陈某话里有话地说："什么时候觐见？这取决于你什么时候准备妥当。"

张伯行没有多想，直接回答："我已经准备好了啊。"

陈某见张伯行不理解自己的意思，便开门见山地说："我觉得你并没有准备好，不然怎么空着手来？"

张伯行见状，知道对方意欲索贿，不禁勃然大怒，不但严词拒绝，还瞪着陈某。陈某也不是好惹的，便说："你竟然如此不识相，那就回去慢慢等吧！"张伯行转身便走，坚决不送礼、不行贿，宁愿在京城苦等了两个多月。

还有一次，他升任为江苏按察使不久，按照惯例要去拜访几个上司。于是有人来"通风"，暗示他应该带些礼物去拜访，张伯行觉得理应如此，便点头答应。那人见张伯行知情识趣，又说："准备礼物太麻烦，直接带一张4000两的银票就可以了。"

张伯行一听，不禁当场傻眼，那人却说这笔钱对按察使来说只是九牛一毛，还"传授"张伯行获取银子的"秘法"：江苏是富庶之地，只要略施手段，别说是4000两，4万两也不在话下。

张伯行听罢，厉声道："我为官，绝不会拿老百姓的一文钱，怎么能这么做呢！"张伯行坚持自己清廉为官的原则，虽然在江苏受到了不少打压，但是正因为他能独善其身，不与腐败之徒同流合污，所以被康熙皇帝任命为福建巡抚，这更加可以看出廉洁的能量。

张伯行用自己的言行举止完美地诠释了清官、廉官应该具有的品质，他以自己独善其身、恪守原则的方式，也为今天的党员干部上了一堂生动的、跨时代的“廉洁课”。

唐代罗隐的《两同书·贵贱第一》中云：“不患无位，而患德之不修也；不忧其贱，而忧道之不笃也。”意思是，不担心没有职位，而担心品德有损，不够完美；不忧心地位低贱，而忧心道德修养不足。君子总是害怕自己的德行受损，所以为人处世如临深渊、如履薄冰，小人则与之恰恰相反，重利不重德。有鉴于此，今天的党员干部必须要引以为鉴。

于某在副书记的岗位上工作了近二十年，始终坚守着“一心为民、无私为公、行必正道”的原则，从没有利用手中的职务为自己及家人行过方便。在周围同事眼中，于某有些古板，平时寡言少语，但一谈到工作总是说个不停，言语前后总是离不开如何为老百姓干实事，或是对某个徘徊在违纪违规边缘的同志作提醒。

于某在任期间，他的妻子下岗了，暂时没有工作，于是妻子便对他说：“老于，你能不能找找人，给我安排个工作，这样也能补贴一下家用。”于某半开玩笑地说：“咱们家现在不也挺好的吗，下岗了，就当是放了一个长假，再者说，女儿已经成家了，不要我们操心了，而我的工资也够养活你了。”

于某的妻子希望找份工作补贴家用，这也说明于某的家庭状况并没有多好，而于某甘愿清贫，也不愿破坏自己的原则。独善其身的他，始终在岗位上兢兢业业，没有变成制度的破坏者。相反，廉洁自律的他化身为了制度的守护者，横扫一切“牛鬼蛇神”。

从于某的故事中我们不难看出，加强自律、慎独慎微理应成为党员干部的必修课，党员干部务必要做到时常对照党章检验自己的言行，以提升道德素养、陶冶道德情操、加强党性修养，要做到这些，就必须守规矩、讲原则，明确自身的职责和使命，逐步树立起良好的干部形象。

此外，党员干部也必须切实地做到权为民所用、情为民所系、利为民所谋，唯有立足于此，才能创造辉煌业绩，才能为党和国家、人民做出最大的贡献，做无愧于时代、无愧于人民的好公仆。

2. 筑牢党员干部的“防腐墙”

《周礼》中对古代官员提出了六个方面的品格要求，是为廉有六义：一曰廉善，二曰廉能，三曰廉敬，四曰廉正，五曰廉法，六曰廉辩。一个廉字，意味深远，它道出的既有不贪不腐的表意，又有不结党、不营私的内涵。对今天的党员干部而言，廉之一字一样有新时代的意义。

不贪不腐，心中有百姓是廉；立足岗位，脚踏实地是廉；坚定思想，拒绝礼贿是廉；广交善友，不与阴险狡诈、口是心非者为伍也是廉。党员干部只要时刻保持清醒的头脑，明白自己手中权力的真正主人是谁，廉洁干净，谨慎用权，始终把依法行政当成工作的标准，树立正确的权力观、政绩观、金钱观，就会自然而然地在心中筑起一道防腐之墙。

徐勉是历史上有名的廉官，人称“风月尚书”。他之所以能得到这样的美誉，与他的清正廉明密切相关。

公元502年，梁武帝任命徐勉为给事黄门侍郎、尚书吏部郎，可谓手握重权。那时的梁朝百业待兴，加之梁武帝忙于北伐大事，所以朝中事务多由一些官员主持。徐勉备受梁武帝的器重，还担任了“参掌军书”之职。

公元507年，徐勉被任命为吏部尚书，主要负责官员的升迁、罢黜、调任等。徐勉有了任免大权后，家里很快变得热闹起来，不少门生故吏开始登门拜访，不是攀交情就是认亲戚，大家的想法出奇地一致：走后门。

一个叫虞皓的人觉得自己与徐勉关系亲密，便带着礼物去找徐勉，表面上是探望好友，实际上却是求官。

到了徐家后，虞皓并没有直接说明来意，而是说了很多场面话，还一再地奉承徐勉。其实徐勉已经猜到了虞皓的来意，但对方既然没有明说，他也就故意揣着明白装糊涂，吩咐仆人准备酒宴。几杯酒下肚后，虞皓开始旁敲侧击，徐勉却仍然装作不知。虞皓见状，只能硬着头皮说自己是来求官的。

徐勉听完，略思片刻，而后半开玩笑地说：“今天我们只谈风月，不谈公事。”徐勉的拒绝之法可谓十分高明，既没有当面拒绝，让虞皓没面子，又没有答应，让对方心存幻想。最终，虞皓只能悻悻而归。

后来，这件事传了出去，无论时人还是后人都津津乐道，徐勉这个“风月尚书”的名号也越发响亮了。

聪明的徐勉“无招胜有招”，轻描淡写的一句话便让求官的虞皓哑口无言，不得不说是一种极具智慧的表现。深究来看，他之所以能够坦然地面对他人的所求，是因为自己的心中没有瑕疵，没有私欲杂念，或者说，他没有私心，所以就不会产生贪占心理，这样的人又怎么会对他人施以的小利小惠动心呢？他们在内心早已筑起了一道防腐的高墙，一切无道、无礼、无仁、无德的人或事都不可能越过这道高墙。

《韩非子》中有“私仇不入公门”一说，意思是不把个人的仇怨情绪带到公务中来。引申来说，个人私欲也不能掺入公事之中，如此便会肃清官场，保持一个干净、纯粹的环境。

今天的党员干部，也要有意识地在内心筑起一道防腐拒变的高墙，这样才能走好廉洁从政之路。

第一，把好政治关。党员干部若不讲政治，就等于丢掉了“三魂七魄”，变成了无根无本的“行尸走肉”。因而，必须用先进的理论武装自己的头脑，坚定政治立场，在学与思中参透初心与使命。更要提高警惕，严守政治纪律和规矩，绝不让小事小节钻空子。

第二，把好权力关。这是一道需要党员干部自守的关口，因为权力不但是党员干部工作的利刃，更是别有用心之徒“心所向往”，所以，一旦不能正确地看待权力、使用权力，就会因为这柄“双刃剑”而受伤。故此，党员干部要始终保持对权力的敬畏感，接受党和人民的监督，以便做到依法用权、阳光用权。

第三，把好交往关。党员干部要有正确、健康、积极的交友原则，坚决杜绝“以利相交、以势相交”，那样会让党员干部不知不觉地陷入腐败的陷阱之中。在现实生活中，来自社会各个方面的利益和诱惑琳琅满目，让人难以辨别其本质。古往今来，因为交友不慎而铸成大错的例子不胜枚举，所以在这类交往中，党员干部绝不能做“温水”中的那只“青蛙”，在看似正常的往来中逐渐失去底线、丢弃原则，到头来，只会“一命呜呼”。

第四，把好生活关。《后汉书·郭陈列传》中有“堤溃蚁孔，气泄针芒”的说法，意思是堤岸会因为小小的蚂蚁孔而溃决，即便是如针芒一般大小的孔眼，也会使气泄掉。以古为鉴，党员干部要在从政之路上打起十二分精神，在生活上要检点、自律，遏制私欲杂念，培养健康的情趣。此外要崇尚简朴的生活，主动戒除并远离易于滋生贪腐的习惯和爱好。

第五，把好亲情关。党员干部要想筑起、筑牢防腐高墙，必须管理好自己的家庭。我们已经从很多实例中看到，一些党员干部自己尚且能做到廉洁自律，可对于家庭成员却少了必要的约束，不重视树立廉洁家风，继而导致家庭成员成了腐败的“缺口”，最终害人害己。因此，党员干部在以身作则之余，也必须看紧自己的亲属，从根本上认清“公与私、情与法”的界限，遵从自古及今的“修身齐家”之道，勿让亲情变成廉洁路上的绊脚石。

为政之要在于清廉，而廉之根本则在于自律，党员干部要想筑牢这道如同个人“政治生命线”的“防腐墙”，就必须对自己提出更高的要求，无论面对怎样的复杂环境都要守住底线，坚定原则，常怀一颗律己之心，永葆高尚的精神追求和道德情操。

3. 廉洁为师，常敲“警世钟”

《庄子·渔父》中云：“行不清白，群下荒怠。”意思是说，为官者品行不清不白，老百姓便会荒疏懈怠。有道是“上行下效”，如果当官的都没有高尚的德行情操，不知廉洁为何物，又如何能为老百姓作出表率和榜样，让他们心悦诚服呢？因此，为官从政者要始终以廉洁为师，养一身浩然之气。

贪欲之念不可有，清白之心不可无。党员干部滋生出的贪婪之心会造成比普通人更大、更广的负面效应，因为党员干部是人民利益的代表，是党和国家的“形象代言人”，如果他们出了岔子、犯了错误，党和国家、人民都会蒙受损失。因而，广大党员干部必须保持警钟长鸣，而敲响的警钟不单单是对腐败的警示，也是一种“警世”。换句话说，抵制腐败，人人有责。

我们从近些年来的贪腐案件中可以看出，一些党员干部陷入贪腐深渊的根本原因，是物欲的诱惑遮蔽了他们的双眼，捆绑住了他们的手脚，最终让他们沦为享乐主义的奴隶，成了阶下囚。

“手莫伸，伸手必被捉，一旦失足，悔恨终生，这是我真心的忏悔。”这是某省公安厅技术侦查纵队原政委、警务技术二级总监任某的内心独白。

当时，分管户籍、流动人口管理等工作的任某看中了所在市区的一处楼盘，去了一问才知道需要300万元，这对于普通老百姓而言绝对是“天价”，不过他却并不甘心错失“所爱”，心里一直惦记着。

正巧，当地一家技术公司的老板到任某的单位商谈暂住人口管理系统以及新版暂住证的推广使用。任某与那位老板打过几次交道，知道对方是个出手“阔绰”的人，所以面对找自己办事的老板，他“敞开心扉”，只为得到心中“所爱”。

那位老板的确很“大气”，几天后便解决了任某的难题，让他得偿所愿。而作为回报，任某不但帮助对方解决了问题，在后来还多次为对方开绿灯、行方便。贪腐的闸门一旦打开，就很难再关闭。就这样，任某一步步地走向了腐败的深渊，他也很享受随便动动手指便能获得额外之财的感觉。最终，“靠山吃山”的任某为自己的不廉付出了代价。

挡不住今天的诱惑，就会失去明天的幸福。在我们身边，已经有太多鲜活的贪腐案例，它们如同警钟一般时时警醒着广大党员干部：从政当清、为政要廉。

人心不足蛇吞象。党员干部应以史为鉴，多学廉洁知识、多看廉洁榜样，不断汲取廉洁力量，真正做到把廉洁二字印刻在骨子里。

陆绩是东汉末年的一位有名的廉官，他留下的一块“巨石”现如今存放在古城苏州，警醒着一代又一代的为官者要以清廉为要、公正为先。

公元 208 年，陆绩被孙权任命为奏曹掾（官名），后转任郁林太守。当时，地处岭南边远穷困山区的郁林环境十分恶劣，气候炎热，病菌肆虐，疫疾频发。陆绩到任后，开始带领民众修筑郡城，兴水利、挖水井；他还常常巡视各县，尽量减轻民众的赋税，极大地改善了当地百姓的生活条件。当地百姓为了感激陆绩，把他开凿的井命名为“陆公井”。

在郁林任职太守多年，陆绩始终清廉自奉，一身正气。当任满离开时，他没有太多行李。当时要走水路，从海道回返，但他行装简朴，导致船只太轻而很难入海航行。为了增加船只的重量，他便让人到岸边搬来一块巨石放上船，这才得以顺利起航，平安地返回故里。

回到家乡后，陆绩感念于那块巨石帮助自己平安渡海，不舍得丢弃，便把它放在自己家的旧庭院中，取名为“郁林石”。不久，陆绩因为在军政事务上的劳累，加之在郁林山区饱受当地瘴疠之气的侵袭，身体受损而病逝，但他留下的那块“郁林石”一代代传了下去，成为清廉正直的象征。

公元 1496 年，监察御史樊祉去往苏州巡视，在听到陆绩的故事后非常感动，于是对苏州知府史俣简说：“先哲遗物，固宜表识，且有可以风历乎人者在。顾其石僻在东城，非官吏朝夕瞩目之所，其为埋没等耳。吾将有以置而立之。”之后，这块巨石被搬到了闻德坊北察院东侧。樊祉亲自为巨石提“廉石”二字，并命匠人把字刻在石头上，又将“廉石”放在碑庭之中，以此让百官自省自勉。

一块普通的巨石，历经千年之久，闻之、见之却依然令人肃然起敬，这自然得益于巨石背后承载的那段故事，更重要的是它象征着“廉俭、厚德、正义、民善”的精神和内涵，此正是“千里迢迢来做官，舟载破石为哪般，两袖清风归乡梓，廉石总把正气传”。

宁可清贫自乐，不做浊富多忧。新时代的党员干部更要保持艰苦奋斗的作风，提倡勤俭节约，涵养廉心。每一名党员干部都应该在心里放上一块“廉石”，用它来警示自己保持清醒的头脑，不要忘记自己的身份和使命，要有党员该有的样子，在面对身边形形色色的诱惑时，坚定信念、坚守原则，忠诚于党、忠诚于国，做让人民信得过的好干部。

4. 腐败是党员干部的“头号大敌”

《抱朴子·备阙》中云：“寸火能焚云梦，蚁穴能决大堤。”贪婪总是发生在不经意之间，当人们察觉时其早已成“燎原之势”。这也是很多“落马”的官员在被查处后最大的感触。

在他们的思想观念中，偶尔的“伸手”是为了更“和谐”的人际关系，并非欲望使然。殊不知，起心动念之时，已经预示着他们正在一步步靠近腐败的深渊。等到泥足深陷，再想抽身时，他们才惊醒：原来自己早已无法自拔。

反腐是一场不能输，也输不起的斗争。数不清的事实早已告诉我们，谁是“玩火者”，谁终将惹火烧身、一命呜呼。因而，党员干部势要与腐败水火不容，坚定自己鲜明的政治立场，做不敢腐、不能腐、不想腐的廉洁干部。

“他工作有激情，有想法，能干事，也能干成事”“他没有官架子，心里始终装着老百姓”“他对生活要求很低，对家人要求很严”……这些夸赞之词的对象，就是为民甘做孺子牛的草原之子牛玉儒。

牛玉儒出生在内蒙古通辽市的一个革命干部家庭，红色基因让他有了最初的清廉特质。在他后来的三十多年的从政生涯中，他始终心怀百姓、一心为公，在工作上脚踏实地，不管在哪个岗位上都充满激情。

“心怀百姓”在牛玉儒那里绝不是空话，他遍访呼和浩特市200多条街道，有时会一个人骑自行车转悠或乘坐出租车，有时会与大家一起坐中巴，然后在工程区下车后步行，一路走，一路看，把每个细节都记在心里。慢慢地，呼和浩特市的街道变宽了、绿地也变多了……

“一心为公”在牛玉儒身上也同样得到了完美的诠释。牛玉儒有五个兄妹，但没有一个靠他的关系得到好处、实惠的。他的妹夫下岗时，妹妹打电话给他，希望能给安置工作。他说：“这事我不能管，下岗是个普遍问题，你们要自己多想想办法，给别人带个头。”

他二哥的孩子打算找一份工作，别人说，你有个在自治区当领导的叔叔，只要他一句话，你的工作就有着落了，于是二嫂大老远从老家赶去找牛玉儒。到了家里，牛玉儒热情地招待二嫂，可二嫂说明来意后，他马上拒绝了：“这样的事不要找我！”二嫂当时就哭了，最终那孩子靠着自己的努力找到了工作，牛玉儒得知后非常高兴。

不徇私情的牛玉儒总是说：“我的权力是人民给我的，不属于我自己，我不能随便支配。”无论在家里还是外面，牛玉儒始终如一，坚守自己的原则，绝不让腐败有任何可乘之机。他的父亲是一位老党员，非常理解他的做法，还屡屡鼓励儿子：“玉儒，你做得对，亲戚越骂你，老百姓就会越信任你……”

“金碑银碑不如百姓的口碑，金奖银奖不如群众的夸奖。”党员干部作为人民群众的代表，只有得到人民群众的赞扬，才能证明自己的确尽到了为官之责。人民的好干部牛玉儒同志，用自己的一举一动、一言一行俘获了人民群众的心。

腐败是国之大敌、党之大敌、民之大敌。在正风反腐工作中，党员干部要铭记“知敬畏、存戒惧、守底线”，坚决与腐败斗争到底，而这就要求党员干部在实际工作中重视树立自身形象、提升个人口碑，一方面要坚持严于律己的主基调，一方面要善于剔除自身存在的“小毛病”，学会“治未病”，这样才能从根本上阻断腐败滋生的通道，令其无藏身之地。

尹某是一家石化公司物资供应中心建材科科长，别看科长的职位不高，但却是涉及物资采购的重要岗位，所以能坐在这个位置上的人也并不一般。尹某在跻身为科长之前，就是领导和同事们眼中“勤奋严谨、简朴低调”的人，所以他当上科长，也与他一直以来的做人原则、从政之道密不可分。

成为科长以后，尹某不忘初心，在工作中兢兢业业，为人谦和平易，处事低调，且非常清廉，从不给任何人开绿灯，这让他在物资供应中心成了“名人”，大家提到尹某都会竖起大拇指。

作为物资采购方面的一把手，尹某深知自己手中的权力对某些人意味着什么，所以他对一些巴结、讨好他的建材商一概不理会，并常常提醒自己必须紧绷廉洁自律这根弦。然而，时间一长，他与那些建材商关系熟络了，似乎也不好意思“不给面子”了。就这样，那些人慢慢地走进了尹某的朋友圈，而且一些老板纸醉金迷的生活也让尹某羡慕不已。

一次，一家建材公司的经理在饭店塞给尹某 2 万元钱，尹某推辞几下便收下了。慢慢地，他的思想开始动摇，觉得自己收点儿钱，为别人办点儿小事没什么大不了，这也是把他推向腐败深渊的最初“动力”。

2018 年，尹某所在的石化公司开始筹备招标建材入网事宜，尹某是代表企业的评标专家。担任这样的重要职务，理应严格执行招标制度，把好物料入口关，可是他的心里已经种下了腐败的种子，所以他只把这次招标当成自己谋利的机会。他与一家建材商联系，暗示对方自己会在收到“好处费”后，在招标时多为他们打分。一番操作之后，对方果然顺利成为石化公司物资供应中心网内的供应商。而拿到“好处费”的尹某也得偿所愿，在以后的日子里更是持续地获得利益。

案发后，尹某身边的人无不惊诧，万万没想到平时满口“廉洁”“勤政”，做事脚踏实地、一丝不苟的尹某居然会是不折不扣的贪污腐败分子。最终，被物欲迷了心窍的尹某被开除党籍、公职，锒铛入狱。

从古往今来的很多贪腐案例中都可以看出，不少官员起初并没有贪腐之心，甚至于和案例中的尹某一样，原本是清正廉洁的好官，然而，为什么他们最终却走上了与廉洁相反的贪腐之路呢？

细究起来，最主要的原因便是他们缺乏足够的自律，做不到慎微、慎初，常常抱有侥幸心理，认为一次两次的小利小惠影响不了大局。然而，他们不知道的是，当内心的廉洁堤坝有了小小的缺口之际，便是贪腐的洪水汹涌而来之时。因此，提升自身道德修养，谨防“精神缺钙”，培养坚决把党风建设与反腐斗争进行到底的勇气和决心，既是党员干部推进廉洁工作的重中之重，又是新时代全面从严治党的根本。

5. 洁身自爱，清名永留

清廉是党员干部的底线，也是从政的基础。倘若守不住底线，丢掉基础，也就担不起党和国家、人民交付给自己的责任，自然会走上廉洁的对立面。

近些年来，女贪官频出，与男性贪官有所不同的是，不少女贪官涉嫌“美容腐败”。她们渴望青春永驻，这本无可非议，但却采用了不合理、不合法的手段，人前大讲正风反腐、廉洁自律；人后却为个人私利绞尽脑汁，把所得的私利消耗在个人的美容上，实在令人啼笑皆非。

许某从学校毕业后进入当地街道办事处工作，她凭借着干练的做事风格、热心的服务态度得到了领导的赏识与认可，而后在官场上平步青云，从妇联主任一步步升到科长、镇长、市体育局局长的职务，在45岁时达到了事业巅峰——任某市市长。

作为一名女性，许某有着一个所有女人共同的心病——衰老。看着身材日渐臃肿，眼袋一年比一年下垂，许某感慨岁月真是一把杀猪刀。其实，衰老是正常生理现象，但却成了她最大的焦虑，于是，她到处寻找延缓衰老的方法，在众多美容方法中，她盯上了“××美容法”。事实上，这只是一种提高免疫力的普通产品，根本没有“返老还童”的神奇功效。不过由于宣传得神乎其神，令急切想要保持容颜的许某心动不已，但高昂的价格又让她望而却步。

得知许某的“苦恼”后，一位商人便开始利用美容行贿的方法讨好许某，许某则认为，“我帮他的忙了，这是他应该做的”。于是，她心安理得地接受了单支 50 万元天价的美容针，完成注射后，不知是心理作用还是其他原因，她觉得自己变年轻了，心情也越来越好，但是美容针需要半年后继续注射来维持效果，所以一些不法商人便投其所好。而作为交换，许某便给了他们在工程上的承包特权。

正当她憧憬自己能焕发青春时，东窗事发，她的违规违纪行为败露了。2020 年 6 月，许某被“双开”，一年后一审宣判。

这真是偷鸡不成反蚀把米，美容不成反“毁容”，这张“美丽”脸蛋之下，潜藏的是一个忘掉初心的阴暗灵魂。

爱美之心人皆有之，但是，如果在“爱美”的道路上“跑偏”，那么最终必将尝到自己酿的苦酒，必将遭到党纪国法的严惩和人民的唾弃。

由此可见，党员干部的“爱美”更应该体现在拥有一颗廉洁之心上，而不是徒有光鲜亮丽的外表。退一步讲，如果党员干部过于重视外在而不重视内修，就会变得慕浮华而远质朴，也就很难保持内心的干净、纯粹。

嘉靖三十五年（1556年），傅希挚登进士第。后来，他成为那个时代的廉臣。他一生在多地为官，始终恪尽职守，洁身自爱，两袖清风，以号令严明、不徇私情著称。

最初，傅希挚任山西安邑知县。当地灾患频频，他感念百姓疾苦，便奏请上级让百姓缓交赋税。后来，他升任为户部主事，主要负责上谷（今河北怀来一带）财计（理财之事），那时他便以“羡金万余悉数报部”扬名。他做到了清廉无私，可不少地方长官却在上交赋税后的剩余部分上动起了心思，与全部上缴的傅希挚相比，高下立判。

之后，傅希挚又以户部郎中外放淮安知府，任职期间，做到了“厘弊肃法，冰蘗自厉”，不但革除弊政，节省支出，还清廉守正、一尘不染，在杜绝官场浪费和节约民力物力方面作出了表率。

廉政的傅希挚在漕运和河道治理上也展现出了非凡的一面。当时漕运总督及河道总督都位于淮安，但却总是在漕运与河道治理上相互推诿，为了避免耽误大事，提升效率，群臣便举荐由颇有口碑的傅希挚来负责。

傅希挚上任后提出了开辟新河道的设想，且“号令严明，凡饬漕浚河，每先期集事，却馈遗无所受”，同时言明绝不会接受任何馈赠。卸任离开后，傅希挚检查个人物品，让手下人登记，发现只有一块黑纻布，便说：“本官要离任了，也没有值钱的东西送给诸位，这块黑布，就分给你们留个纪念吧！”

“清风两袖朝天去，不带江南一寸棉。”傅希挚身体力行，用行动诠释了洁身自爱、廉洁自律的内涵。与上文中那位因看中自己“容颜”而以权谋私的女贪官相比，同样为官，却有着截然不同的结局。究其原因，即在于清正廉洁的官员总会严于律己、以身作则；心生贪念的官员则一心为私，把个人利益看得比什么都重要。

历史是一面镜子，可以鉴古知今。今天的党员干部要以史为鉴，学会从历史中找到进步的动力，多把廉官作榜样、多拿贪官当“警钟”，常常给自己的心灵“洗洗澡”，洗去私心杂念、利欲勾心，树立德、立功、立言之风范，做清廉守正、严于律己之清官。

6. 以贪为耻，以廉为荣

清同治年间进士姚步瀛，为官清正，一生廉洁，他曾任职湖南慈利知县，并为官署题写了一副对联：“淡如秋菊何妨瘦，清到梅花不畏寒。”这副对联表面上是写菊与梅，但实质上却是通过这两种花来彰显清官廉士淡泊、高洁的高尚品格。后来，有人将“淡”和“清”作了细微改动，把这副对联变成了“清如秋菊何妨瘦，廉似梅花不畏寒”。这样一改，便更为直观地表达出来“清廉”之意。

贪与廉，一念之间，荣辱两重天。很多时候，从人民的公仆到贪官往往就在一念之间，功臣与罪犯也只是一步之遥。

身为党员干部，若做不到规范言行、秉公用权，以党纪国法来清洗心灵、管好头脑，就会让已经苦心筑起的法纪防线在顷刻之间崩塌。

明朝官员范景文，在任期间非常重视名节，洁身自好，不贪不占。有人向他行贿无果，便说："自古以来，当官的没有不为自己谋利益的，你又何苦为难自己呢？"

范景文一听，厉声斥责道："保全性命是人生最大的私利，正因如此，我才不收受贿赂。眼下你只看到了谋取私利的好处，却看不到贪婪的害处。这么浅显的道理你都不懂，我真为你感到惭愧和羞耻！"

一心为公，一尘不染的范景文也因为自己的廉洁而成为官场中的一股清流。他还很善于选用贤才，一时间令很多贤能之士得到了重用。

有人对他说："现在您掌握用人大权，理应为自己着想，您却不贪不取，万一哪天失势了，还能指望什么呢？"

他回答道："为国家选取贤能之士乃是第一要事，倘若心存私欲，既坑害了国家，也会坑害自己，后果不堪设想。我绝非刻意讨好贤能之士，更不是与别有用心之人作对，只是职责使然罢了。"

身居高位的他免不了要被亲友相求，但他从不妥协，一概拒绝，甚至为了不再被打扰，让那些上门送礼、私下请托的人知难而退，他特地在自己家的大门上贴出了"六字告示"：不受嘱、不受馈。以此来表明自己的心迹。

此后，"二不"广为流传，大家也都称范景文为"二不尚书"。同僚中有正直不阿者，还以范景文的勤政、廉政为基，写下了一副对联："不受嘱，不受馈，心底无私可放手；勤为国，勤为民，衙前有鼓便知情。"

"二不尚书"凸显出了范景文的为人处世之风，也是他拒贿反贪、以廉为荣的真实写照，值得今人学习与借鉴。

今天的党员干部，也要弘扬“二不尚书”的精神，把“以贪为耻、以廉为荣”深植于内心，以此作为从政的准则。而有了这种崇高思想的指导，党员干部就会最大限度地摒弃因欲望而滋生出的“贪”，从而管住手脚，成为“肩上有担当，脚下有底线”的廉洁干部。

“以贪为耻、以廉为荣”的思想观念，必须完全融入党员干部的内心，切勿只把它当作墙上的一句标语、嘴边的一句口号，而是要用心对待、认真对待，在日常生活和工作中付诸行动，真正懂得“廉洁既会造福于人，也会造福于己”的意义。

令人深感惋惜和痛心的是，今天的党员干部队伍中却有一小撮“腐败分子”，他们把廉洁当成了幌子，不以贪为耻、反以贪为荣，背地里做的尽是损害党和国家、人民利益的事情，表面上看，他们暂时换得了些许好处，等到如梦初醒之时，才发觉自己一开始就走上了一条不归之路。

“也不知道从什么时候开始，我的三观开始发生扭曲，常常把‘不求天长地久，只求曾经拥有’‘有权就要有钱，办事就要给钱’等挂在嘴边，身为一名共产党员，我丢掉了信仰、放弃了追求，真是辜负了组织对我的栽培，我对不起组织，我的行为最终让我走向了腐败不归路，可悲、可叹、可恶！”这段“忏悔”来自某市党委原副书记、管委会原常务副主任关某。

与很多贪官最初的心态一样，关某初次受贿时内心忐忑不安，但过了一段时间后并没有发现异常，便开始自欺欺人，觉得受贿的事情神不知鬼不觉，只要自己足够小心，就绝不会事发。

慢慢地，“权在手、令来行，只为把钱挣”成了他的“座右铭”，他的胆子也越来越大，不但不再提心吊胆，还开始主动索贿。一次，他为一家企业提供了一些帮助后，马上打电话暗示对方，并开门见山地说出了“辛苦费”的金额，毫无顾忌。

天下没有不透风的墙，最终关某还是逃不过法律的制裁。面对检察机关的工作人员，他袒露了心声：“手中有了权力以后，自认为可以摆脱纪律的约束，整个人开始如一只气球一般迅速被吹了起来，在空中越飘越高，最终在空中毁灭消失……”

关某的“失足”，源于守不住制度底线，且跨越了法纪红线，从而在利益和诱惑面前一败涂地，不只毁掉了自己，也连累了家庭。

前事不忘，后事之师，党员干部面对一个个“活教材”应当警醒自己，保持对权力的敬畏心，努力提升自身道德修养和行为自觉。

第七章

尚俭戒奢，绽放勤俭节约之花

“历览前贤国与家，成由勤俭败由奢。”党员干部要始终把“戒奢”当成自己的护身符，廉洁从政、厉行节约，时刻不忘给自己“照镜子、正衣冠、洗洗澡、治治病”，让自己始终远离奢靡的泥淖，以身作则，率先垂范，在生活和工作中争做勤俭节约的倡导者。

1. 勤俭节约，“传家宝”莫要丢

《朱子家训》中云：“一粥一饭，当思来之不易；半丝半缕，恒念物力维艰。”勤俭节约是中华民族的传统美德，也是华夏子孙不能丢的“传家宝”。

党员干部的勤俭节约，除了表现在个人生活中的厉行节约外，还表现在从政过程中，要在头脑中印刻上艰苦奋斗的深深烙印，一个厉行节约、发扬艰苦奋斗作风的党员干部，在物欲面前能保持清醒，也会从主观上拒绝纸醉金迷、声色犬马的奢靡生活。因此，勤俭节约不但是党员干部的“传家宝”，也是确保他们能够廉洁从政的“护身符”。

“奢侈之费，甚于天灾。”这句话出自力倡俭朴的傅咸。傅咸是西晋文学家，曾任太子洗马、尚书右丞、御史中丞等职。在为官期间，他直言敢谏，且力主勤俭。

晋武帝时期，百姓生活困苦，但晋武帝与一些达官贵人却过着奢侈的生活。晋武帝平定吴国后，从吴国选出了五千多名美女充实后宫，使得后宫佳丽多达一万人。他本人终日沉浸于酒色之中，不理朝政。他还总是乘羊拉的车在宫内游玩，羊停在哪里他便在哪里喝酒取乐。

后宫的佳丽们为了留住晋武帝，便用盐水洒扫自己的宫门口，并在门上插上竹叶使羊停下，以获得晋武帝的宠幸。一时间，盐价飞涨，这可害苦了普通老百姓，让他们本就贫苦的生活雪上加霜。晋武帝的生活奢靡腐化，上行下效，一众官员也极度追求享乐，这导致全国上下都沉浸在奢侈无度的氛围之中。

傅咸见状，便上书道："从泰始初年创立基业到现在，十五年过去了，国家的财力不盛，百姓家庭不富，有一年收成不好便会闹饥荒。这是因为官职太多，事务冗杂，而被免除徭役的人也太多，使得蚕食的人多而务农的人少。我认为当务之急是先合并官职，减省琐事，停止徭役，上下齐心，致力农业生产。"傅咸站在国家发展的角度提出了自己的建议，但实际上却是希望晋武帝能主动遏止奢靡之风，把精力用在政务上。

之后，他又看到世俗奢侈，便再次上书："我认为衣食难以生产，如果不节约使用，就一定会缺乏。所以先王风化天下，吃肉穿帛都有定制。我认为奢侈浪费比天灾还厉害。古时候帝尧只住茅草屋，现在的老百姓却争相建造大房屋；古时候的大臣也吃不到精美的食物，现在的商人却享受着美味佳肴；古时候只有后妃才能穿特殊服饰，而今奴婢仆人却也身穿绫罗绸缎……以前毛玠做吏部尚书的时候，谁都不敢穿华服、吃美食，就连魏武帝都感叹'我的法令不如毛尚书'。所以，如果各部都能像毛玠一样，就会很快改变风俗。"傅咸的建议得到了朝廷的认可，他本人也因此被任命为尚书左丞。

元康四年（294 年），傅咸逝世于官署。朝廷下诏书赐他为司隶校尉，谥号"贞"，奉清泉侯。

《尚书》云："克勤于邦，克俭于家。"勤俭是立国之本，也是治国的根本。清正的傅咸，用一次次的上书表明自己的心迹，也体现了他"俭约治国"的思想。

越是生活富足，越要恪守"忠厚传家久，勤俭继世长"的观念，绝不能因为物质丰富而大手大脚、铺张浪费。正所谓“静以修身，俭以养德”，只有勤俭节约才能提升千千万万个家庭的生活品位，继而推动整个社会形成崇俭拒奢的风尚。

而今，建立节约型社会已然成为新时代的主旋律，党员干部作为社会各项事业的“先锋官”，理应勤俭持家、以俭传家，身体力行、从我做起，对种种奢靡的风气避而远之，牢牢守住勤俭这个“传家宝”。

那么，党员干部在坚持树立勤俭节约之风上具体要怎么做呢？

首先，思想上崇俭拒奢。党员干部应牢固树立“浪费也是腐败”的观念，坚决剔除“花公家钱不心疼”的不良思想，让勤俭节约成为一种习惯、一种精神。这要求党员干部必须把勤俭之风融入工作中，以便真正做到干净从政、廉洁从政。

其次，行为上以身作则。榜样的力量是无穷的，党员干部一方面要学习古代或身边那些勤俭节约的典范，看到俭约的益处、浪费的害处，一方面也要身体力行，主动成为勤俭节约的榜样，带动身边的人共同俭约自守，拒奢崇俭。节约无小事，要从一滴水、一度电、一张纸入手，逐渐培养节约意识。当慢慢地养成了勤俭节约的习惯，也就不会在大是大非面前出问题、栽跟头。

最后，生活中不忘宣传。在生活中营造勤俭节约的氛围一样重要，党员干部务必担起反对铺张浪费的重担，大力倡导并宣传勤俭节约的意义和益处，坚决拒绝大吃大喝，与“酒桌文化”划清界限。同时要积极参与到厉行节约等宣传教育活动中，做个从内心深处反对铺张、崇尚节俭的好干部。

从全面从严治党的要求上来看，党员干部只有大力弘扬艰苦奋斗、勤俭节约的优良作风，并积极投身于建立节约型社会的大潮中，才能从思想根源上坚定反腐败必胜的信心和决心。

2. 永葆朴素本色

《新唐书·列传第三十·褚遂良》中云："奢靡之始，危亡之渐。"当奢侈糜烂之风兴起，一个国家便会逐渐走向衰败，甚至灭亡。国家如此，个人亦然。

细数古往今来的众多腐败案例，我们不难看出，古代的贪官与今天"落马"的党员干部之所以栽跟头，除了外在的巨大利益和诱惑让他们难以拒绝外，还有一个最重要的原因，即他们守不住内心。换句话说，他们不甘清贫，丢掉了朴素的生活作风，于是在外因的作用下就很容易放松警惕，为追求灯红酒绿、纸醉金迷的生活而抛弃一名共产党员本该具有的优秀品质。

每个人都有追求高品质生活的权力，这是人之常情，党员干部也不例外，但需要明确和注意的是，党员干部身为一个集体、一个团队的代表，不应过度追求个人享受，为人民服务从来都不是一句空话，党员干部一旦崇尚奢靡的生活，贪图享受，就必然会把人民的利益抛诸脑后，走上违反党纪国法之路，自食苦果。

刘某出生在农民家庭，一家人的目标就是供他好好读书，让他考上大学。那时他心无旁骛，专心读书，心中始终不忘母亲的教诲：艰苦朴素，俭约自守，做正直的、对社会有用的人。

顺利考入大学后，他又攻读了硕士研究生。毕业后，他进入机关成为一名基层工作者。几年后，赶上当地省里换届考察，刘某因为工作出色，被调到了省委组织部干部三处。在组织的悉心栽培下，他慢慢地成长为一名副厅级领导干部，成了家里人的骄傲、家乡的骄傲。

此时的刘某仍然怀着一颗为公为民的心，保持着朴素的作风，生活上不与他人攀比，工作中也始终埋头苦干。可是，随着眼界的开阔，他的心开始躁动不安。

2013 年，刘某进入省国资委，分管省属企业党建及领导班子建设工作。那时，用他自己的话说便是“很多企业的干部职工都把我视为组织的代表，当成最信任的人，而我也越来越膨胀，胆子变得更大了”。

特别是社交圈发生变化后，身边动辄都是国企老总、民企老板，他的“不平衡感”越发强烈。他觉得自己在省国资委干的活儿不少，却没有更好的物质待遇。看看自己身上的衣服，家里的经济状况，不由得抱怨连连。

这时的刘某已经丢掉了朴素的作风，开始主动与相识多年的某公司法人代表透露想炒股赚钱的想法。对方也是“心领神会”，在刘某一分钱没拿的情况下，便以炒股的名义把 100 万元转入刘某外甥的账户，之后被刘某接收。

潘多拉的魔盒一旦打开，就很难再关上。最终，刘某彻底走上了贪污腐败之路。2020 年 4 月，刘某被省纪委监委立案调查；7 月，他被开除党籍、开除公职；次年 4 月，法院判处其有期徒刑 10 年，并处罚金 70 万元，并没收其受贿的赃款合计 1400 多万元。

“艰苦朴素，俭约自守，做正直的、对社会有用的人。”刘某母亲对他的教导如今仍言犹在耳，可他却身陷囹圄，只能在监狱中独自忏悔。

党员干部走上腐败之路，起因多是觉得让自己过得清苦没必要、不值得，于是他们大兴奢靡之风：有的住豪宅、开豪车、穿名牌；有的抽高档烟、喝高档酒、吃山珍海味；也有的出行非头等舱不坐……这无疑是丢弃了艰苦朴素的精神，世界观、人生观、价值观发生了扭曲，彻底丧失了共产党员的品格和操守。

《中国共产党纪律处分条例》中有明确规定："生活奢靡、贪图享乐、追求低级趣味，造成不良影响的，给予警告或者严重警告处分；情节严重的，给予撤销党内职务处分。"既然有明确的纪律条例，党员干部就必须严格遵守，依规办事、依法办事，不拿不义之财、不取不义之利，涵养本心，保持朴素的生活状态，让心灵这张纯净的白纸不沾染任何污渍。

春秋时期鲁国贵族季文子，一生为官俭约自守，在三十多年的为官生涯中，他始终把朴素节俭当成立身之本，更要求家人远离奢靡，涵养朴实无华的作风。平日里，他穿衣只求朴素整洁，不慕奢华，除了朝服之外没有什么像样的衣服，每次外出乘坐的车马也格外简单。

一个名叫仲孙它的公族（诸侯或是君王的同族），见季文子如此节俭，便劝说道："阁下贵为上卿，身份显贵，但我听说你不允许妻妾在家里穿丝绸衣服，也不允许仆人用粮食喂马。而且你本人也丝毫不注重容貌服饰，这是不是显得太过寒酸了，难道不怕其他国家的人耻笑吗？你的做法有损我们国家的体面，他们会说，鲁国的上卿到底过的是什么日子啊！你为什么不尝试改变自己的生活方式呢？这样无论对自己还是对国家都有益处，何乐不为呢？"

季文子听完，淡淡一笑，一本正经地对仲孙它说："我何尝不希望把自己家里布置得富丽堂皇呢？可你看看我们国家的百姓，还有很多人都在吃粗糙的食物，所穿的衣服也破旧不堪，甚至有的人正在挨饿，一想到这些，我又如何忍心只顾自己享受呢？倘使老百姓吃的是粗茶淡饭，穿的是破旧布衣，我却把妻妾打扮得花枝招展，用精粮喂马，这还有为官的良心吗？更何况，我听闻一个国家的繁荣昌盛总是通过臣民的高洁品行来体现，而非以官员们拥有的美艳妻妾及成群的骡马来体现。既然如此，我又怎么会接受你的建议呢？”

仲孙它听完季文子的话，不禁面红耳赤，同时内心对季文子也更为尊敬了。他回去之后也开始效法季文子，不但自己穿粗布衣衫，也让妻妾换下华丽的服饰，家里的马匹也改用谷糠、杂草来喂养。

勤俭节约是一种美德。季文子始终保持俭约、朴素的习惯，也以此来要求家人，展现出了他内心的充盈与平静。换个角度讲，他内心装着的是国与百姓，又哪里有多余的地方让奢靡与浮躁充塞其中呢？

静可以驾驭烦躁，朴可以镇住浮躁。今天的党员干部，更要把“为官一任、造福一方”作为从政的要点，真正地把老百姓装在心里，且力求做到政治立场不偏、政治方向不移，始终与党和国家、人民同心同德，确保思想不迷航、行为不偏向，赓续为民之志、永葆朴素之心。

3. 严以修身，俭以养德

诸葛亮《诫子书》中曰：“夫君子之行，静以修身，俭以养德，非淡泊无以明志，非宁静无以致远。”这份训诫的对象是诸葛亮 8 岁的儿子诸葛瞻。而把这份训诫中的“静以修身，俭以养德”稍加修改，变成“严以修身，俭以养德”，便有它的新意义、新内涵。

对党员干部来说，正风反腐是一项输不起，也不能输的大工程，它肩负着保护改革和发展成果的神圣使命，更承担着消除特权思想等弊端的重任。因而党员干部必须重视“修身”与“养德”，如此才能抵御“糖衣炮弹”的打击，捍卫党和国家、人民的利益。

提到修身，党员干部必须修之以“严”，时刻检点自己的言行与生活小节，不要让特权思想支配自己的一举一动。

人民的好公仆焦裕禄同志，便是一个严于修身，绝不允许子女搞特权、享特权的人。当时他因为工作过度劳累，导致常年有病，而家里的人口又多，所以生活十分清苦。不过即便如此，他也拒绝救济。他说：“兰考，是一个重灾县，人民的生产、生活都很困难，我们应该首先想到他们。要把这些钱用到改变兰考面貌的伟大事业上去，用到改善兰考人民的生活上去。”

焦裕禄同志有着“毫不为己，专门为人”的精神，这也促使他总是严于律己，而这份“严”也被他推及子女。他总是要求子女干活不要拈轻怕重，哪里困难就到哪里去，穿衣要朴素，生活要节俭。

一次，焦裕禄的大儿子去看戏被他发现了，他询问儿子从哪里弄来的戏票，儿子说：“售票叔叔向我要票，我说没有。叔叔问我是谁，我说焦书记是我爸爸，售票叔叔没有收票就让我进去了。”

焦裕禄听完非常气愤，不但把一家人都“训”了一通，还让儿子马上把票钱送到戏院去。他的“严”，由此可见一斑。

《训俗遗规·史搢臣愿体集》中云："待己者，当于无过中求有过；待人者，当于有过中求无过。"这句话的意思是，对待自己，要在自以为没有错误中寻找缺点，对待别人则恰好相反。这句话充分地体现出了严于律己、严于修身的重要性。

党员干部对自己一切从严，除了严格要求自身，还要严以用权。权力是人民赋予的，所以理应用在为人民谋福祉上，一切为了个人利益而滥用权力的行为都要令行禁止，所以党员干部要坚定不移地把提升道德境界、加强党性修养作为永恒的修身课，严于律己，毫不松懈，时刻谨记自己的身份，自觉地遵守和维护党的纪律。唯有此，才能成为一个心中怀有"大我"的人，

修身以"严"，养德以"俭"。党员干部若能真正做到严守内心底线，坚定原则，也就自然而然地会崇俭拒奢，甘守清贫了。

宋代理学家朱熹一生经历了四个朝代，但无论在哪朝为官都以淡泊名利为本，不慕奢华，甘守清贫。

一次，他去看望女儿女婿，当时女婿不在家，女儿便留父亲在家吃饭。女儿家里十分贫困，拿不出像样的东西招待父亲，最后只为父亲准备了几碗大麦饭和一碗葱汤，内心对父亲充满了愧疚之情。朱熹却并不在意，不但高兴地吃了饭，还一再告诫女儿生活俭朴是良好的习惯，在饮食上不必计较太多。

之后，他更题写了一首诗："葱汤麦饭两相宜，葱补丹田麦疗饥。莫谓此中滋味薄，前村还有未炊时。"

女婿回到家后，妻子把父亲来的事情和留下的诗给他看，他不禁大受触动，对岳父的俭朴之风和仁爱之心万分钦佩，还把岳父留下的那首诗作为家训，悬挂于书房之中，世代相传。

《左传·庄公二十四年》中云："俭，德之共也；侈，恶之大也。"

《墨子》中也提到“俭节则昌，淫佚则亡”，这都道出了俭的重要性。

长久以来，俭都被看作治国之道、兴业之基、持家之宝，更是一个人品德高尚的表现。因俭而养成的德行，也势必会指引着一个人生活和工作等方方面面的行为，使其不逾矩、不越界，恪守本分、从一而终。

对当代的党员干部来说，“严以修身，俭以养德”同样具有积极的现实意义，它要求党员干部必须在平时的生活中和工作中重视养俭、养德、养廉，这样才能最终赢得人民群众的信任和称赞，在从政之路上“行稳致远”。

4. 粗茶淡饭，两袖清风

清代学者金缨的《格言联璧》中有关于“持躬”的章节，其中便阐述了“奢”与“侈”对一个人的修身养性产生的影响，曰：“俭则约，约则百善俱兴；侈则肆，肆则百恶俱纵。”意思是，能够做到节俭就会有节制，有节制则会让百善兴起；奢侈就会放肆，随之百恶都会跟从。

历史上有名的清官无不是拒奢崇俭的，他们用自己的行动诠释了俭的内涵，并由此让世人联想到奢带来的极恶之果。

勤俭，首先体现在个人的生活上。毕竟为官者只有躬身而行，以身作则地厉行节约，才会提升修养和德行，才会在精神上彻底拒奢防腐。所以，清廉的官员在生活上大多粗茶淡饭、粗布麻衣，不在意个人的生活品质，因为他们把心思都用在了如何解决老百姓的问题上，又如何会在意自己的吃穿用度呢？这样的为官者自然担得起一个“廉”字，也值得世人称颂。

其次，体现在从政中。当做到了在生活上的俭，就自然会在从政中处处约束自己，不会大手大脚、大吃大喝，更不会让手中的权力沦为滋养物欲的工具，由此，行贿、受贿的举动很自然地会从他们的世界里被剔除，如此又何来贪污腐败一说呢？

汤斌是清代著名的清官，在仕途生涯中，他始终廉洁自律，崇尚俭朴。在生活中，他以清贫为本，每天都会采野菜吃，每餐也都以豆腐汤为食，加之他勤政爱民，清廉公正，所以老百姓亲切地称呼他是“三汤道台”，意思是：“为政像豆腐汤一样清，生活像黄连汤那般苦，对百姓像人参汤那样补。”

平日里，汤斌和子女穿的都是妻子纺织的粗布做成的衣服，住的老房子也十分简陋，但他毫不在意。在任职江苏巡抚期间，依旧每天吃青菜米饭，从不利用身份和地位巧取豪夺，为己谋私。

某天，他在翻看家务收支账簿时，发现上面写着某天买了一只鸡，他马上问家里人，最后得知是儿子买的，他便把儿子叫来，当面训斥道：“你不好好读书，总惦记着吃好的、穿好的，别以为江苏的鸡价格像河南老家那样便宜。读书人若不吃菜根，是很难自强不息的。”

还有一次，汤斌在家里庆祝生日，有些属吏听说之后，便纷纷登门道贺，还拿来了贺礼，但都被汤斌一一拒绝了。一位士绅知道汤斌不可能接受金银珠宝，特地送来一扇精美的屏风，汤斌依然不收。那位士绅说：“大人乃文雅之士，屏风上刻着的是当朝名士汪琬的诗文。”汤斌的确喜欢汪琬的诗文，见此情形便让人誊录下屏风上的诗文，之后让士绅拿走了屏风。

汤斌的一身“清气”由来已久，早年为官时他就为自己立下了做“煮不出官味”的清官之志。在出任陕西潼关道时，为了不搅扰当地百姓，自己出钱买了三头骡子，一头驮两床破旧被褥，另外两头供主仆二人骑乘，就这样上任去了。等到任后，守关的把总见他主仆二人瘦弱不堪，也只有少量行李，便摇着头说：“就是把你放到锅里煮，也煮不出个官味来。”

看起来“不像官”的汤斌，上任不足三个月，便让潼关模样大变，土豪劣绅及地痞流氓纷纷收敛，不敢造次，百姓安居乐业，人人笑逐颜开，他也由此得到了“汤青天”的美名。

粗茶淡饭、两袖清风是一种可贵的品质，它除了能够彰显人性之美，还是一个考验党员干部是否勤政为民的标准。

他很清贫，粗茶淡饭，两袖清风，一生也没什么积蓄；但他同时也很富有，广散布施，雪中送炭，对贫困之人屡屡施以援手，把个人收入中的大部分都用于帮扶苦难群体。他就是王家恒，全国六届人大代表，曾任中共浙江省顾问委员会委员、舟山地委常委、行署副专员。

据统计，被王家恒资助过的学生有1437位，资助金额达377万元。在教育事业上，王家恒可谓呕心沥血，为振兴舟山教育事业不遗余力。而令人吃惊的是，很多贡献是在他退休之后做出的。

作为党和人民的儿子，王家恒从来没有忘记过组织的栽培和教导，他认为即便是退休了，也有责任为舟山经济的发展，特别是教育事业贡献力量。他最初萌生在教育事业上发光发热的想法，源于一份谈及人才匮乏对舟山经济建设制约的材料，转而他有了“利用民间力量办一所大学，为舟山培养人才”的念头。

很快，王家恒开始草拟申请报告，并发动各界力量确保学校成功获批。一步步地，他解决了学校的房子问题、资金问题、编制问题……当东海学院建成后，有人说如果没有他的坚持就不可能成功，他却轻描淡写地说了一句：“我只是一个联络员而已，功劳是大家的。”

今天的王家恒已过百岁，但仍用自己的方式回报着党、国家和人民。他拿出来的每一分钱都干干净净、清清白白，他用自己的一身清正之气熏陶着整个社会。

一身正气，求真求实求真理；两袖清风，为党为国为人民。作为离退休老干部的王家恒，用自己的实际行动为如今的党员干部上了一堂生动的“自修课”——修心、修身、修行、修德。

5. 盲目攀比是奢腐的“导火索”

唐代现实主义诗人白居易的《病中诗十五首·初病风》中有“朽株难免蠹，空穴易来风”的诗句，把这两句诗用在今天的正风反腐事业中，即可以解释为：倘若一个人的思想和品德出现瑕疵，那么自然很难抵挡诱惑的腐蚀。

我们从一些党员干部“落马”后的忏悔中可以发现，其中有一些人自幼生活清苦，所以对富裕的生活充满向往。等到凭借努力坐到了某个位置后，压抑在心底的欲望随之无限膨胀，起初表现在衣食住行上的“高人一等”，接着会利用权力攫取更大的私利。归根结底，这种扭曲的心态和不良行为产生的根源便是盲目的攀比。

而盲目攀比又缘何而生呢？一位哲学家说：“很难说虚荣心是一种罪行，但是一切罪行都盘绕虚荣心而生。”党员干部一旦产生虚荣心，就会开始与周围的人与事进行攀比，眼睛永远盯着别人的长处，之后对比自己的短板，久而久之，在这种攀比之下即会做出有悖于道德和公理的事情。

杨某是某市国家森林公园管理服务中心原主任。2018 年，杨某因涉嫌犯罪被当地人民检察院向人民法院提起公诉。次年 4 月，人民法院以贪污罪、挪用公款罪、受贿罪判处杨某 16 年有期徒刑，并处罚金 85 万元人民。杨某不服一审判决，提起上诉，后经市中级人民法院做出终审裁定：驳回上诉，维持原判。

出生于小村镇的杨某，一步步走上了显赫的位置，可他又是缘何一步步滑入了腐败的深渊呢？究其原因，离不开“攀比”二字。

高中毕业后，杨某先是进入当地的运输队，之后由于踏实肯干，当上了领导。当时县政府决定开发当地的旅游资源，那时已经成为县农业局副局长的杨某，便担起了森林公园管委会副主任和生态产业公司总经理的重担。

新官上任三把火，杨某起初很有干劲，很快就让景区面貌焕然一新。2011 年时，该森林公园被评为国家森林公园，杨某志得意满，觉得自己把不可能的事情变成了可能。在一片赞誉声中，他的心态也随之发生变化，认为自己业绩高、功劳大，必须得到更多的回报。

在森林公园建设过程中，杨某亲眼看到很多工程老板出手阔绰，过着挥金如土的奢靡生活，于是慢慢地产生盲目攀比的心理，觉得自己的付出一样可以换来“富足”的生活。

从2012年底到2013年初，杨某与森林公园管理服务中心的财务负责人拉帮结伙，以虚开水产品发票的形式从公司账上套走30万元公款。2014年初，二人故技重施，再次以虚开发票的方式套走40万元公款。杨某所得的钱款多用于个人挥霍，他经常出入各大高档场所，身穿名牌，甚至为了让别人“高看”自己一眼，居然不拿掉一些衣服的吊牌，目的只是在适当的场合向他人“炫耀”。

无尽的虚荣心、盲目的攀比的确带给杨某一时的“面子”，他也如众星捧月一般成了周围人眼中的“人上人”。然而，他的做法终究是自掘坟墓。他后来在忏悔书中写道：“眼看着别人生活得那么好，自己也希望过上那样的生活，于是盲目的攀比心理促使我开始用权力换钱。”

盲目攀比害死人，它会遮住人的双眼，促使人做出非常态的举动。对党员干部来说，盲目攀比带来的危害是巨大的，也是极其深刻的。很多党员干部正是因为不能正确地看待自己的身份，无法摆正自己的位置，才会滋生无尽的虚荣心，继而与他人盲目攀比：比吃比喝、比穿比住、比谁的权力大、比谁认识的老板多、比谁的饭局更豪华……而这种种攀比都建立在“出卖公权”的基础之上，最终，他们会为自己的行为付出沉重的代价。

换个角度看，攀比本身并没有错，错的永远是那些错误利用它的人。因而，党员干部不要总是把眼睛放在身外物上，要多比正气、比能力、比政绩、比作为、比担当、比贡献，“攀比”的对象也要放在先进典型和榜样模范上，通过这种“攀比”，党员干部也会逐渐发觉自身的缺陷和短板，意识到以往的浅薄行为，从而从根源上消除不健康的攀比心理。

归根结底，党员干部要攀比的是信念坚不坚定，从政务不务实。奢靡腐化总会轻易地把原本身居高位的党员干部拉下马，而拥有坚定信念的党员干部，却可以做到从政以廉为本、为官以勤为先，如同有了“金刚不坏”之身一般。古人云：“政者，正也。”党员干部只要行得端、坐得正，在物欲横流的社会中不为诱惑所动，不为攀比所累，就自然会走出一条正道，扫除奢腐之风。

6. 戒奢靡才能守廉正

唐代著名的谏臣魏征在《谏太宗十思疏》中云：“不念居安思危，戒奢以俭……斯亦伐根以求木茂，塞源而欲流长也。”意思是：如果不能居安思危，警惕奢侈，践行简朴，无异于砍掉树木的根而希望树木长得茂盛，堵住河水的源头而希望流水不断。魏征希望唐太宗能够从根源上解决问题，把这个道理套用在正风反腐上也一样行得通。

党员干部若想真正做到持正守廉、洁身自爱，也一样要学会从根源上入手，即远离奢侈、亲近节俭。

吴长庆，清代著名淮军将领，1875 年任直隶正定镇总兵，1880 年授浙江提督，之后调任广东水师提督。

出生于书香世家的吴长庆，自幼深受桐城文风的熏陶，整个吴氏家族都很重视对子孙学问和品行的培养。不过，吴长庆最初在外因受到官场风气的熏染，并没能守住初心。当他显贵之后，回家省亲，特意要讲排场，为母亲精选了很多奇珍异宝和绫罗绸缎。

回家后，张母看到这些东西，马上动了怒，斥责道："我煞费苦心把你培养成才，是期待你会成为一个有志气、有抱负的人，想不到你如此追求奢华虚荣。我太失望了。你为什么要这么讲排场呢？你是朝廷的官员，自然要恪守为官以廉的原则，上不能辜负朝廷对你的信任，下应当以身作则，教育好子女，在处理公务上做到廉洁清正，个人生活也必须克勤克俭，成为一个受人尊敬的廉吏，这才是对我最大的回报。无论何时你都要记住，只有养成勤劳的习惯才会剔除惰性，不追求奢华才能守住节俭。"

母亲的一席话让吴长庆十分惭愧，此后戒奢以俭，一改当初。平日里，简朴节约，从不铺张浪费；为官上更是以"勤、廉"为要，坚决不取一丝一毫不义之财，慢慢地，他成了清朝历史上有名的廉官。

有了俭约的好习惯之后，吴长庆便把节余下来的俸禄都用在了创办学校和资助贫困学生上。吴长庆的种种做法，让他在当时的淮军团体中独树一帜——其他将领各个腰缠万贯，他却身无长物，但即便如此，他仍然拒奢崇俭，不改初心。

临终时，吴长庆特地在遗嘱中写道："家中有银三千两，丧葬之资足矣。习勤以防惰，戒奢以守俭。切记！"

"历览前贤国与家，成由勤俭败由奢。"吴长庆从最初的"奢"到"戒奢以俭"，除了母亲的训诫，更主要的是他本人意识到了奢侈的害处。后来，他不但自己以俭养廉，也教育子女要恪守简朴之道，保持清贫的生活。尤其他的次子吴保初，留下了"丈夫饿死寻常事，何必千金卖自由"的明志诗句，传为美谈。

作风建设永远在路上。今天的党员干部更应该弘扬新时代的"崇俭戒奢观”，持续提升主动担当的精气神，在思想上确保干净、纯粹，通过加强理念信念教育守住初心和使命。

在戒奢养廉上，党员干部首先要勤政有为，多下基层，培养务实的工作作风，始终把人民群众的利益记在心头，做察实情、办实事的好干部。

其次，慎用公权、清廉用权。自古以来就有“官财两道”的说法，既然当了官就不能想着发财，更要对不义之财避而远之。无论身处何种级别，身为党员干部要始终知敬畏、存戒惧，廉洁自律、坚守原则，这样才能从根本上对腐败“零容忍”。

再次，守正道，扬正气。党员干部对待事业要保持原始激情，守住内心的一片净土，弘扬清正廉洁的作风，做到面对歪风邪气不妥协、面对旁门左道敢斗争。

不难看出，持正守廉的根本在于一个人的内心是否想贪、想腐，所以守住那颗容易被浮华滋扰的心，才是戒奢的关键。

公元1080年，苏东坡被贬黄州，生活清苦。为了度过这段艰难的岁月，他制订了一个计划：把收入平均分成12份，每个月1份。接着再把每一份分成30小份，一天使用其中一份。

他把分好的钱挂在房梁上，每天用的时候就用叉子挑下来，再把叉子藏起来。如果当天的花销有节余，便另外存在一个竹筒里，用来买酒菜招待朋友。

后来，苏东坡又被重用，在朝中做大官，他仍然保持着节约的习惯，从不奢侈浪费。每天吃饭，就算有客人来也至多加两道菜。一次，他的老友与他重逢，请他吃饭。到了宴会地点，他见酒席准备得非常豪华，便婉拒入席，转身离开了。

苏东坡走后，朋友说：“当初他落难的时候，生活十分清苦，想不到他现在官居高位，还是这么节俭。”

显然，苏东坡的“心”已经变得俭约了，所以即便他做再大的官，也不会改变心志，一样会厉行节俭。

“节约光荣、浪费可耻”的观念从古代传至今天，它应该扎根在每一名党员干部的心中，成为他们思想的一部分、身体的一部分。戒奢从简是腐败的有力“克星”，党员干部务必要大力推动厉行节约成为时代新风尚，让自己真正地树立起朴素节俭的人生观。

第八章

择善而交，守住交友“廉洁圈”

“以利相交，利尽则散；以权相交，权失则弃。”人际交往应当重义而轻利，一旦掺杂利与权，通常都经不住考验。党员干部尤其要树立正确、健康的“择友观”，擦亮双眼、提高警惕，以免沦为不法之徒的“狩猎对象”，从而堕入贪腐深渊。

1. 净化“交往圈”，守住“交往关”

《庄子·山木》中云：“君子之交淡如水，小人之交甘若醴；君子淡以亲，小人甘以绝。”古人早已清晰地道出了人与人之间的交往准则，也指明了与君子交往和与小人交往分别会有怎样的结果。

对党员干部来说，交友的重要性更是不言而喻。党员干部因为身份的原因，在交友上更需要擦亮双眼，毕竟别有用心之人多是冲着党员干部手中的权力才会主动“示好”，以期达到目的。在这个过程中，党员干部很容易会被他们刻意营造出的“交友假象”所蒙蔽，误以为自己结交了“知己”，却不知已经上了“贼船”，等到如梦初醒之时，才会意识到原来他们一直在“布局”，自己也只不过是他们获利的工具而已。

党员干部只有学会主动净化“交往圈”，守住“交往关”，才能练就一身防腐拒变的真功夫、硬功夫。

余某靠着自己的努力一步步做到了某市水利厅厅长的位置，令人羡慕。只是，原本脚踏实地的他却因交友不慎走上歧路，亲手断送了自己的前程。

一次，余某下基层调研，与做水产养殖生意的王某结识。王某见余某这个干部内敛低调，又毫无架子，便刻意地接近他。时间一长，两人的关系变得越来越亲密。

王某爱玩爱闹，也许正是这种性格吸引了低调内敛的余某。一次，王某正在娱乐场所玩乐，接到了余某的电话，王某便邀请余某一起来玩。余某也没有避讳，直接去往王某所在的娱乐场所。此后，但凡王某出来玩都会叫上余某，余某也是“随叫随到”。

慢慢地，王某开始在娱乐场所给余某介绍不同的“女性”，最终余某与一位邓姓女子长期保持不正当的两性关系，之后余某为邓某开店、购房，花费不菲。作为“中间人”的王某自然也得到了好处，余某动用关系让水利厅收购了王某刚成立不久的酒厂，并将其调入水利厅，担任水利厅多种经营总站某酒厂厂长。

余某与王某的交集越多、越深，他在贪腐之路上就走得越远。在余某的帮助下，王某经过几年的经营，生意越发兴隆，在一次闲聊中，他直言要送给余某一栋大房子，余某假意推辞几下便接受了。

双方的“投桃报李”一直持续着，余某频繁地利用手中的权力为王某行方便，比如帮助他成为水利厅新成立的一家公司的法人代表、帮助他在水利行业开拓业务，甚至还帮助他儿子承接水利项目……作为“报答”，王某也显得非常大方，不是送干股、分红，就是安排余某的亲戚到公司任职。

案发后，余某才如梦初醒，觉得一切好似梦幻一般。他说：“我对不起家人，更对不起栽培我、教导我的党组织。我的违纪和犯罪行为有损党的形象，玷污了党的纯洁，对党造成了深深的伤害。”最终，余某被判处13年有期徒刑，并处没收个人财产55万元。

晚清名臣曾国藩说：“一生之成败，皆关乎朋友之贤否，不可不慎也。”

案例中的余某凭借着自己的本事坐到了高位，可终因选择的“朋友”与他谈的不是情与义，而是色与利才致使他堕入了腐败的深渊。因此，党员干部在他人抛出诱惑之时，必须提高警惕，学会拒绝，不能让什么人都轻易地走进自己的朋友圈，以防冲破内心筑起的廉洁防线溃散。

值得一提的是，如今一些“落马”的党员干部总是把“交友不慎”作为自己违纪的根本原因，认为都是那些居心叵测之人故意“下套”“钓鱼”才让自己走上了腐败之路。但事实上，党员干部自身若经得住考验，拥有高尚的品格、过硬的党性，又怎么会分辨不出哪些是陷阱、哪些是诱惑呢？又怎么会心甘情愿地踏入陷阱，成为腐败队伍中的一分子呢？归根结底，还是因为这些党员干部思想防线脆弱，在党纪国法面前心存侥幸，面对诱惑和侵蚀时把党员的身份和使命悉数抛到了九霄云外。

可见，这样的党员干部之所以做不到拒腐防变，关键是因为没有高尚的道德情操和积极向上的生活志趣。为此，党员干部必须常常“慎独自省”，约束自己的思想和行为，在交友上讲原则、守规矩，做个“干净人”。

2. 多交“廉友”，拒交“贪友”

欧阳修的《朋党论》中有云：“大凡君子与君子以同道为朋，小人与小人以同利为朋。”这句话告诉我们，交友重在同道，要以志同道合作为交往依据，凡事是以利益为交往前提的都不是真正的朋友，他们只是想在我们身上获取他们想要的东西而已。

对党员干部来说，特别是年轻的党员干部，思想更容易发生动摇，涉世不深的他们在面对利益和诱惑时容易管不住手脚，年轻的心促使他们总想着尝试多样化的交友方式，于是在看不透、摸不清对方心思的基础上，就会一步步走进对方精心编织的圈套之中。因而，年轻的党员干部更要多学党章党规，锤炼党性、心性，以沉淀自己，提升防腐能力。

《管子·戒》中云：“道德当身，故不以物惑。”一个人道德高尚，就不会轻易为外物所诱惑。党员干部若能做到以德为友，持续加强自身作风修养，在交友时就会恪守底线和原则，选择与廉慎的人交往而远离贪婪逐利的人，久而久之，身边围绕的自然都是清正公道的友人了。

曾巩是唐宋八大家之一，北宋著名政治家、散文家，嘉庆年间进士，官至中书舍人。曾巩和很多志向高远的文人一样，喜欢结交天下豪杰。在济南做官时，他常与友人聚会，或以书信往来。

北宋名臣赵抃年长曾巩11岁，也是他的一个好友，两人相识于杭州，当时赵抃到杭州做太守，正巧久旱逢雨，心怀喜悦之情的曾巩便写下两首七绝，表达自己的仰慕之情。同年冬，曾巩再次因赵抃资政殿学士而撰文，文中称赞其“受材闳廓，含德纯粹，壮经国之大猷，济格天之盛业”。从这段阐述中便可以看出曾巩对赵抃的钦敬与仰慕。

赵抃也把曾巩引为知己，不但积极回信，还屡屡主动赠诗。在任职青州太守时，他便写下两绝寄赠予曾巩，两人可谓亦师亦友。曾巩不但把赵抃当成挚友，更当成了学习的榜样。1072年，赵抃去成都任太守途经济南，曾巩便曾细致周到地招待。赵抃临行前，曾巩又作了一首七律为他践行。诗云：“镇抚西南众望倾，玉书天上辍持衡。春风不觉岷山远，和气还从锦水生。学舍却寻余教在，棠郊应喜旧阴成。归来促召调炉冶，莫为儿童竹马迎。”

曾巩与赵抃可谓惺惺相惜，曾巩颂赞赵抃在官场上一身清正，处事练达；赵抃也曾在信中对曾巩在治理济南上取得的业绩表示赞许，称其“政术简严”。反过来，曾巩又把自己在政治上做出的成绩归功于学习赵抃治政的结果。总而言之，两人的交往似一潭清泉，不掺杂任何名与利、是与非，只有知心友人之间的深厚情谊。

德者，廉也；廉者，德也。有德行的人自然清廉，反过来说，清廉的人自然有德。曾巩与赵抃都是有德行又廉洁自律的人。据史书中记载，赵抃为了赈灾，曾违反“发放救济满三个月即停止”的规定，多发放了两个月，且宁愿自己承担责任。此外，他还因为德才被擢升为成都转运使，赴任时“单身独骑”，没有一个仆人，所谓的行李也不过一张古琴和一只白鹤而已，也难怪曾巩愿意与其结为至交好友。两人的交往完美地诠释了“与善人居，如入芝兰之室，久而不闻其香，即与之化矣”的内涵。

党员干部身边围绕着什么人，就足可以说明他本身是个什么样的人。德行高尚而有修为的人，自然会对心怀叵测的小人敬而远之。从这个角度看，交什么样的朋友全赖于本身是个什么样的人。所以，党员干部只有练就“铜皮铁骨”，才能“百毒不侵”，不会为了利益和诱惑丧失原则、底线，出卖自己的灵魂。

某市委常委、常务副市长胡某是个性格内向、不苟言笑的人，在做到这个职位之前，身边并没有多少朋友。当他身居高位、手握大权时，周围却开始多了很多“亲密朋友”，这些“朋友”个个笑脸相迎，除了在工作上积极配合，在生活上也常常嘘寒问暖。胡某家里有什么琐事时，这些“朋友”也会主动帮忙，那副热心肠令人动容。

胡某喜欢打牌，所以这些“朋友”不是主动组局，就是在胡某“三缺一”时随叫随到，甚至在大年三十都会驱车数百公里到胡某的老家陪他打牌。赶上过节或胡某的生日，这些“朋友”更是无一缺席，人人都会备上一份厚礼。

内向的胡某有了这些“知冷知热”的朋友后，不禁心情大好，虚荣心也得到了前所未有的满足，总是还没张口就有人如他“肚子里的蛔虫”一般为他排忧解难。慢慢地，这些“讲义气”的朋友成了胡某最信任的人。一来二去，这些“朋友”也开始原形毕露，希望借助胡某的权力和关系做这做那，此时的胡某已经越发膨胀，便不假思索地为“朋友”解决各种难题，心甘情愿地成了他们的“猎物”。

最终，胡某被查，他的受贿金额高达900多万元。案发后，很多人都唏嘘不已，想不到平日里沉稳内敛的胡某竟是个贪腐的“大老虎”。

不少权力出轨、道德失范的党员干部都是因为与那些心怀不轨的人交往才一步步走向腐败道路的。他们总以为只要在大是大非面前不出岔子，平日里一起喝喝酒、打打牌并无不妥，却不知为官者若不能严于律己，不在生活的小节上约束自己，是很容易错判是非黑白的。

可见，党员干部要时刻擦亮双眼，看透那些别有用心之人的“把戏”，谨记“无功不受禄”的古训，这样才能果断拒绝小利小惠，让心怀不轨之徒主动避开。

3. 平平淡淡才是真，清廉交友才是情

《庄子》中云："谓贤者之交谊，平淡如水，不尚虚华。"意为君子之间的交往要像水一样清澈、纯净，不应以利益为纽带。

朋友在我们每个人的人生路上都不可或缺，他们会在各个方面为我们提供帮助，最终彼此相互携手，排除万难，共同前行。对普通人来说，交友重在脾气秉性相仿，当然也有例外，比如某个内向的人结交的朋友性格奔放、洒脱；某个心眼小的人结交的是心胸广阔、不拘小节的朋友，这种互补性也能使得他们相互之间产生深厚的友谊。而对党员干部来说，交友则重在平淡、真实。

党员干部因为手中掌握一定的权力和资源，所以各种诱惑、算计、讨好和捧杀都会"扑面而来"，让人防不胜防。在这种情况下，如何分辨哪些是值得交往的朋友，哪些是居心叵测之徒呢？

从道理上来讲，其实很简单，只要做事有原则、做人有底线的人就是值得交往的，这样的人不会贪图名与利，不会在意是与非，与党员干部的结交也全冲着个人品行，不掺杂任何利益。能够意识到这一点，党员干部就无须为无法辨别朋友的好与坏、忠与奸而苦恼了。退一步讲，如果党员干部自身是个不慕奢华、不喜名利的人，又怎么能没有分辨黑白曲直的能力呢？归根结底，党员干部本身的德行修为才是决定性因素。

陈某是一名部队转业干部，岳某是一个个体户老板。当时陈某在某市铁路局担任工程师职务，是副厅级干部。岳某与之

相识后，随着往来的密切，二人成了至交好友。当时岳某做运输生意，之后多次找到陈某，希望可以低价获得外运火车皮。陈某便“略施手段”，让岳某如愿以偿，此后岳某每个月都会收入大把现金。

岳某想回报“好友”，但陈某毕竟是干部，不能直接收受现金，所以岳某便想了个办法。这天，他来到陈某家中，陈某不在家，他便不动声色地把一张价值60万元的国债存单递给陈某的妻子李某。

等陈某回来后，李某把事情如实相告，陈某什么也没说，直接让李某收好存单。当时正逢他们的儿子在国外读书，急需用钱，所以这笔钱算是“雪中送炭”。

陈某是个很讲义气的人，对朋友的请托总是能帮则帮，但他没有意识到一点，那就是帮忙要在制度允许的范围内，使用手中的权力或暗箱操作的方式帮助“朋友”，无异于以权谋私、以权换钱。

廉洁的堡垒最容易从内部击破，陈某内心的廉洁堡垒也是如此。从那以后，收钱对陈某来说如同家常便饭，他也渐渐地把交友原则从“淡如水”转变成了“甜如蜜”——没有分量适中的“蜜糖”，他绝不会与人称兄道弟。

常在河边走，哪有不湿鞋？案发后，陈某与包括岳某在内的一众“好友”都沦为阶下囚。

南朝梁学者刘峻在《广绝交论》中提出了“量交”这一说法：“谋而后动，毫芒寡忒。是曰量交，其流五也。”在交友时一定要再三权衡，那些只求利益或建立在利益基础上的交往，很容易因利益不均或得不到利益而导致双方反目成仇。所以，但凡在交往中掺杂了势力、贿赂等元素，都可以归类为朋友之交中的“最下者”，要尽早避免或与之绝交，不然很容易危害自身，得不偿失。

韩愈在《柳子厚墓志铭》中赞叹柳宗元和刘禹锡的友谊之余，还大力批判了以势利相交的所谓“友谊”：“今夫平居里巷相慕悦，酒食游戏相征逐，诩诩强笑语以相取下，握手出肺肝相示，指天日涕泣，誓生死不相背负，真若可信；一旦临小利害，仅如毛发比，反眼若不相识。落陷阱，不一引手救，反挤之，又下石焉者，皆是也。”

以利相交，最终多会伤己伤人。党员干部肩负重担，绝不能忽视交友的重要性。正所谓“君子之交淡如水”，所以在交友上要重情义、轻利益，以一颗淡泊之心经营自己的朋友圈。

某厂车间主任华某是个廉洁的干部，为人真诚，处事公正，不管对谁都尽量做到一碗水端平。在工作中，他体谅下属，对于有才能的员工，他总会提供更多的机会和更广阔的平台，让他们尽情施展；相反，有些阿谀奉承的员工，却总会在他这里吃“闭门羹”。

最近，厂里新来了一名员工陆某，他是厂长的亲属，暂时在厂里实习。陆某并没有把自己当员工，总是与这个称兄道弟，与那个拉帮结伙，似乎想在车间里搞一个“小山头”。为了巩固自己的实力，扩大自己的交往圈，他开始盯上车间主任华某。

一次，陆某带着昂贵的烟酒去拜访华某。华某一看，就知道他的来意，表面上热情地招待，并询问他在工作中是否遇到问题。陆某不咸不淡地说了几句后，便话锋一转，说：“华主任，我这个人喜欢结交朋友，进厂以后，总在同事中间听到你的故事，所以非常想与你结为知己。”

华某对于陆某的所作所为早就了然于胸，知道他私下里曾给其他车间主任送礼、送钱，甚至连厂里的书记也是他的“座上宾”。且不管他到底是何居心，华某依然恪守自己的交友原则，他说：“君子喻于义，小人喻于利，我不是君子，但也绝不是小人！把你的礼物拿回去，就当你今天没来过！”

碰了一鼻子灰的陆某自讨没趣，悻悻地离开了。此后，他继续拉拢其他干部，而他所做的这一切，无外乎是要为自己朋友的公司打通关系、拉拢业务，从中谋利。最终，他因行贿罪被判刑，那些被他俘获的“朋友”们也没能逃过法律的制裁。

“与好利人共事，则己必受累。”贪图名利者总会用尽办法为自己谋利，交友只是他们为获取利益而必须要走的一步，所以党员干部一定要善于分良莠、辨真伪，在交往中细心甄别哪些是善友、诤友、挚友，以平淡之心看待友情，追求真实、无声、深刻的友谊，这才能从芸芸众生中筛选出不以名利为结交准则的“廉友”“德友”。

4. 筑牢防线，拒绝人情“贪腐”诱惑

《礼记·曲礼上》中云：“礼尚往来，往而不来，非礼也；来而不往，亦非礼也。”中国是礼仪之邦，注重人情往来，但这种往来应建立在坚守道德、合乎正义，且不以往来双方“礼”之轻重多寡为衡量情谊是否深厚的标准，对党员干部来说尤其如此。

党员干部的人情往来稍有不慎，就可能被利用，有些心怀不轨之人会把巨大的不当利益包装成普通老百姓熟悉的“人情”，而后与党员干部进行权钱交易。因此，党员干部要慎重看待手中的权力和所掌握的资源，牢固树立“边界”与“红线”意识，打破“人情惯例”。

礼尚往来，自古有之，人与人之间只有相互往来才能增进关系，加深情谊，不过党员干部要用心选择来往对象，特别要留意那些打着人情旗号，私下里却以礼行贿、以情换权的不法之徒，以免人情世故变成“人情事故”。

某区管委会原副主任谢某与一家服装公司总经理颜某相识于一场普通的宴会，在宴会上，二人相谈甚欢，此后便频繁往来，变得越发熟络起来。

通过进一步的交往，颜某发现谢某是个“不见兔子不撒鹰”的主儿，要想从他身上得到好处，就要多投资、“下猛药”。于是，他先是隔三岔五约谢某出来喝酒吃饭，逢上谢某的生日或他家人的生日，以及各种节假日，他也会精心地准备礼物馈赠。起初，谢某很警觉，认为喝酒吃饭没什么大不了，但给自己和家人送礼物就有些“不合时宜”。

不过，每次送礼，颜某都大谈交情，来言去语无不是“哥们儿情谊”，时间一长，谢某便放下了戒备，面对颜某的“好意”也乐得笑纳。作为人情的往来，他也开始用权力为颜某的服装生意行方便。

一年后，颜某的生意出了问题，濒临破产，急需贷款周转。颜某第一个想到的人就是谢某，长时间的“人情馈赠”，谢某早已把颜某当成了铁哥们儿。于是，当颜某提出贷款请求时，谢某满口答应。

几天后，谢某联系颜某去银行办理贷款。面对这份“大人情”，颜某自然要好好感激谢某一番。等拿到贷款后，他直接带着30万元现金去了谢某家，言明这是“朋友之间情深义重的体现”，谢某“推辞不过”便欣然接受了。

后来，颜某又有多次因周转不灵找谢某帮忙违规贷款，其中还有两次不能按时偿还贷款，但谢某说一句话、签几个字就顺利地延迟了还款期。就这样，两人你来我往，把这种“明买明卖”包装成友情一直持续下去。直到案发，已经涉嫌职务犯罪的谢某仍然坚信与颜某之间只是情谊上的往来，没有“越界行为”。他的天真与无知实在可笑至极。

“高飞之鸟，死于美食；深泉之鱼，死于芳饵。”天下没有免费的午餐，尤其对党员干部来说，必须时刻警惕那些贴着“人情”二字的礼赠。那么，到底应如何识破继而避开让人防不胜防的人情陷阱呢？

首先，正确看待人情。从古至今，真正的“礼”蕴含着的都是舍利取义与互帮互助，与利益毫无关系。所以，党员干部只要学会抛开庸俗的人际关系，看淡金钱、名利，在交往中崇尚情义，主动抵制厚礼，不讲排场、不比阔气，更不以场面大小论体面，就会逐渐让礼尚往来回归纯真本质。

其次，正确看待利益。利益可以分为个人利益与集体利益，党员干部自然要时刻把集体利益摆在第一位，所以一旦发现自己在生活中和工作中私心过重，则意味着在利益上本末倒置，这时要主动进行自我检讨和反省，及时扭转思想。这一点至关重要，没有正确的利益观，就很难做到拒礼拒贿，久而久之，自然会形成扭曲的利益观和交往观，对裹挟着不义之财的人情往来也必将来者不拒。

最后，正确看待规章制度。某些党员干部之所以对变了味的人情没有警惕之心，甚至“趋之若鹜”，与政治纪律观念淡薄不无关系。这导致他们在一些原则性事情上仍然大谈人情，全然不在乎放弃原则会带来什么样的恶果。所以，加强党章党规党纪的学习，对各项规章制度有全面深入、透彻的理解，是斧正歪曲思想的关键。当能够做到正确看待规章制度，就会自觉地做到照章办事，不让别有用心之人借助人情钻空子。

黄某是一位省级领导的秘书，这个身份让他成为一些人眼中的“香饽饽”，所以很多人都找他办事。

一次，黄某的一个张姓朋友想让他帮忙拉拉关系，为自己的工程项目行个方便。张某是黄某的老朋友，以前两人多是正常交往，可自从黄某有了“秘书”身份，张某便显现出一种“自降身份”的姿态。这次，他带着昂贵的水果和一幅字画来到黄某家。

黄某喜欢字画文玩，他对老友带来的字画赞不绝口，张某见状也觉得很有面子，更觉得自己将要托付的事情“有戏”。不过，当他说明来意后，黄某脸色一变，直言朋友之间的往来要有朋友的样子，不能掺杂任何利益成分，当场拒绝收受厚礼。

张某碰了一鼻子灰，但并不气馁。转过天，他再次带着那幅字画和一件工艺品去了黄某家，碰巧黄某不在家，他便对黄某的妻子说，这是黄某托自己购买的，他先给送来。

黄某回家后，听完妻子的转告，不禁火冒三丈，当即拿着东西去了张某家，生气地说：“我原以为我们之间的友情不会变，却还是因为我的身份变化了。这些是你的东西，从今以后，我们不要再来往了！”黄某的话让张某面红耳赤，张某也因此失去了一位品行高尚的朋友。

礼下之人必有所求。党员干部要深刻地认识到这一点，不必在乎别人对自己“假清高”的评价。在某些人眼中，不收礼的干部只是因为嫌弃礼物不够贵重，没有不收的可能，这种错误认识也对一些党员干部造成了干扰，一旦思想不坚定，就容易倒在这样的悖论之下。俗话说，“伸手不打笑脸人”，一些党员干部为了日后的交往，也只好勉为其难，收下这份人情，殊不知，人情的缺口一打开，就再也无法关闭，它会慢慢地侵蚀党员干部心中筑起的“清廉之堤”，最终使其溃泻千里。

人情往来要有分寸、有尺度，党员干部必须谨守党纪国法的明文规定，以此为“纲线”，坚决不越界。

5. 近君子，远小人

诸葛亮在《出师表》中提出了“亲贤臣，远小人”的观点，这一观点也同样适用于党员干部的交友原则。党员干部在人际交往中，必须“亲君子，远小人”，这样才能保证出淤泥而不染，干净为官。

“鸟随鸾凤飞腾远，人伴贤良品自高。”党员干部只有与德行高尚的人为伍，才能逐步提升个人素养，践行自己的初心使命。不管在生活中还是工作中，强化修身立德的理念，明确身为党员干部的要求，才能不断净化“朋友圈”，不让小人有可乘之机。

《三国志》中云：“大丈夫处世，当交四海英雄。”曹操也在《短歌行》中写道：“我有嘉宾，鼓瑟吹笙。”人生不能没有朋友，但交友要重质不重量，不能什么人都结交，更不能与贪图享受、无良无德之人沆瀣一气，否则只会被送进铁网高墙，自断前程。

薛某是某市原副市长，在一次特殊的场合，他与一家房地产公司董事长孟某相识，两人一见如故，相谈甚欢。之后二人往来频繁，甚至以“兄弟”相称。孟某虽然比薛某大几岁，却甘愿自称“小弟”，奉薛某为“大哥”，对其毕恭毕敬。

当两人成了十分亲密的朋友后，孟某开始疯狂地进行“感情投资”。每一次，孟某都只是小利小惠，薛某对此十分受用，觉得自己真是交到了一个知心好友。每逢过节及家里亲属有婚丧嫁娶等事宜，孟某都如同“跟班小弟”一样为薛某打点好一切，该出钱出钱，该出力出力。作为回敬，薛某也对孟某的一些“提议”言听计从。

比如，孟某的房地产生意涉及报建费，薛某便主动出面，从中斡旋，让孟某获得减免的权利。此外，还在房地产项目调高容积率等事情上给予他诸多关照。

背靠大树好乘凉，孟某得到了实惠后，便把薛某引荐给自己的其他朋友。这些人都是各行各业的生意人，出手阔绰，先期三不五时地让薛某得到好处，之后便开始提出种种要求。

案发后，仅检察机关对薛某的指控就多达 80 项。谈及与孟某等人的关系，薛某还天真地用“朋友”来形容。他说：“我和他们都是正常的朋友之间的往来，他们和我的关系都很好。”

可让他懊悔不已的是，那些同样被调查的“朋友”却有另一番说法。他们坦言，之所以千方百计地讨好和接近薛某，只不过是看中了他手中的权力，想借助他的权力为自己谋利而已。

最终，被当成猴子一样戏耍的薛某因受贿、滥用职权罪被判处 10 年有期徒刑，并处没收个人财产 100 万元。

习近平总书记多次强调，老实做人、做老实人，是共产党员先进性的内在要求，是领导干部“官德”的外在表现。这里的老实人，指的是能够发扬艰苦奋斗作风、勤政务实的人。案例中的薛某之所以走进了不法之徒编织的圈套，与他脱离“老实人”的标准和原则不无关系，由此他难辨“君子与小人”的本质，致使自己最终也变成了“小人”。

从这个角度看，党员干部“远小人”的方式就显而易见了。只要把友情从相互利用的泥潭中抽离出来，不掺入浓重的功利因素，不以满足对方需求为交往前提，就自然会远离小人群体而趋近君子了。

《中说》卷六《礼乐篇》中云：“以势交者，势倾则绝；以利交者，利穷则散。”以势和利为交往基础的情谊都是虚情假意，不得长久，一旦失势、利散，这份“情谊”也会如肥皂泡一样瞬间破灭，不留一丝痕迹。

某社保局原局长罗某，便是一个因为手中有权有势而令别有用心之人蜂拥而上的党员干部。

在成为社保局局长之前，罗某的存在感很低，在单位里几乎是“透明人”，也没有企业老板或机构负责人私下找他办事。不过，身在高位之后，那些昔日的旧友、故交开始多了起来，时不时地来找他攀关系。

那时罗某手里握着十几亿元的资金，这对很多老部下、老同事，甚至老领导都产生了巨大的吸引力，他们开始频繁地请罗某吃饭，希望获得他的“支持和帮助”。显而易见，这些人之所以突然把罗某捧得高高的，都是因为他是一局之长，可以用权力为他们办事。

只可惜，当时的罗某根本想不到这一层，他已经被那些人哄得团团转，只要在自己的能力范围内，他总是来者不拒，也确实“积累”了巨额财富。

他在忏悔书的末尾写道：“我想给手中有权的党员干部提

个醒，社会上有太多人盯着你手中的资源，他们请你吃吃喝喝都是有目的的，今天你吃了人家一顿饭，明天收了一份礼，吃人嘴软、拿人手短，到头来就得加倍还回去。不知不觉间，钱权交易就发生了。”

不法之徒总是把“无利不起早”奉为准则，他们今天付出一分，日后就会从你身上十倍、百倍地索要回来。因此，党员干部要懂得“慎初”，在第一次时就及时缩手，绝不上当，这样才能保存自己的那颗干净心，不让小人得逞。

一位反贪局长曾说：“有些同志手里有了一点权力，别人一忽悠就忘乎所以，以为自己有什么本事，朋友多了，呼呼啦啦，其实都是奔你这个位子来的，跟你交朋友，不是因为你有什么本事，就是傻子坐在那里他也跟你交朋友。因为你这个职位有权力，并不是对你人格的尊重和折服。”

近朱者赤，近墨者黑。与清廉有德的人交往，自己也会慢慢变成不贪不占的人，而与私欲过重、满腹算计的人交往，则会逐渐变得唯利是图、贪婪无度，最终滑向腐化、堕落的深渊。

6. 益友之交淡如水，为政之道清似茶

朋友相交，应如清水一碗、淡茶一杯，它虽不似酒般浓厚、猛烈，可在需要之时，却是解渴的佳品。退一步讲，朋友之间的交往不一定要像酒那样给人以刺激并带来兴奋感，那样很快就会让人“喝醉”“上

头”，即便酒醒之后也会头昏脑涨。而饥渴之时的一碗水，闲来无事所品尝的一杯清茶，却会让人通体舒畅。

子曰：“益者三友，损者三友：友直，友谅，有多闻，益矣；友便辟，友善柔，有便佞，损矣。”可见，益友便如清水一碗、淡茶一杯，他们可以在我们的思想和行为发生偏差时“直、谅”，从而斧正我们的错误。损友则与之恰恰相反，即便我们恪守原则、坚守正道，他们也会通过曲意逢迎、花言巧语欺骗我们、愚弄我们。

对党员干部而言，选择友人的类型以及如何交友就更有学问了。在择友上，党员干部要睁大眼睛，绝不与语言和行为上牵涉利益的人组成“共同体”。要与待人以诚、敢言敢语、德行高尚、志向高远的人结交，经由他们的触动和熏陶，会逐步提升自己的个人素养。更重要的是，与这样的人交往并不会消耗自己更多的精力，因为他们本身就是淡泊一切物欲和名利的人，是绝不会让与己交往的人忧心忡忡的。

朱晖是东汉时期的一位学者，在读太学期间，与朝廷重臣张堪相识，二人一见如故，遂互相引为知己。朱晖是一个学识渊博、为人正直的人，这让张堪颇为欣赏，再加上他们是同乡，所以张堪有意提拔他。不过朱晖婉言谢绝了，这更让张堪对他刮目相看，此后也更加信任他了。

一次，张堪有感而发，推心置腹地对朱晖说：“你是个非常自持的人，我愿意把自己的身家及妻儿都托付给你！”后来，因为各种原因，两人失去了联系。眨眼间过了许多年，张堪去世，由于他为官廉洁，所以几乎没有积蓄，一家人的生活非常窘迫。

就在张家人为生计发愁时，朱晖闻讯而来，向张家施以援手。对此，张家人非常意外。得益于朱晖的帮助，张家人总算熬过了最艰难的那段时间。

朱晖的儿子对父亲的所作所为感到不解，便问："从前不曾见您与张堪有过什么交往，为什么现在却如此厚待他的家人呢?"于是，朱晖把当初张堪的"托付"告诉给儿子，并感慨地说："我和张堪其实是相互倚重、生死相托的朋友，这就足够了。"

后来，朱晖当了尚书令，但他从不张扬、炫耀，反倒背地里总是告诫儿子："千万不要学我如何做官，要学我如何做人。"

朱晖无疑是秉行"君子之交淡如水"的典范，只凭借张堪的一句托付便能在多年之后帮助张家人，这份情义自然是无价的。更难能可贵的是，朱晖与张堪的交往并没有多亲密无间，而且中间竟失去联络，但这并不妨碍他们之间的深情厚谊。或者可以这样说，真正的友情不会因外物的多寡、时间的累加而变淡，恰恰相反，这份情谊会在时光的流逝中慢慢沉淀，变得越发淳厚。

党员干部以史为鉴的意义也正在此，通过对古代人物德行的学习，可以逐步提升自己，也会让自己在这个过程中反思自己身边的哪些人值得交往，哪些人需要从自己的朋友圈中果断剔除，以免污染自己的身心。

党员干部身边的朋友是什么样的，归根到底是由自己决定的。如果自己本身就做不到廉洁自律，面对利益和诱惑不顾一切地扑上去，又如何能指望结交到崇廉拒奢、不贪不占的益友呢？所以，党员干部必须重视养性修身，筑牢思想根基，自觉地抵御外界不良影响的侵蚀，做到不该去的地方坚决不去，不该做的事情坚决不做，坦荡做人、规矩做事，又何愁品质高洁、德行高尚的人不主动与己交往呢？所以，党员干部的个人选择才是问题的关键。

一位副省长级别的高官很喜欢与“大款”“土豪”结交，完全忘记自己身为高级干部的身份。他很喜欢那种被“众星捧月”的感觉，与这些有钱人拉拉扯扯、称兄道弟让他有一种莫名的畅快感。

这位官员其实也心知肚明，自己喜欢他们手中的钱，而对方喜欢的是自己手中的权，所以大家“明买明卖”，各取所需。于是，他常常用自己的权力为那些有钱人搞项目、揽工程，由此得到丰厚的回报，接着他又继续为他们行更大的方便，循环往复。

权与钱捆绑在一起，交易双方都得到自己想要的实惠，但党和国家、人民的利益却遭到了损害。案发后，这位官员逐渐从纸醉金迷的生活中清醒过来，开始后悔自己的所作所为，为自己的“交友不慎”扼腕叹息。不过，一切都为时已晚。

有些党员干部会“明知故犯”，甚至明知对方布下了“陷阱”却不绕开，而是甘愿掉落其中，因为“陷阱”中有让他心动不已的灯红酒绿的生活，有宽敞的别墅、豪华的汽车，以及唾手可得的大把金钱。于是，他们忘记了党规党纪，忘记了党和国家、人民的利益，一心与这样的人为伍，直至最终身陷囹圄，失去自由。

“君子之交”应当成为党员干部的交友底线和原则，这是避免自己沦为“猎物”的最好办法。党员干部要为自己的心加上一层防护网，勿让“朋友圈”变成“共腐圈”，在交友上必须看重对方的品行谈吐、兴趣志向，如此才会让自己的交往圈干干净净、清清爽爽。

7. “糖衣炮弹”须警惕

毛泽东同志说过这样一段话，“可能有这样一些共产党人，他们是不曾被拿枪的敌人征服过的，他们在这些敌人面前不愧英雄的称号；但是经不起人们用糖衣裹着的炮弹的攻击，他们在糖衣炮弹面前要打败仗。我们必须预防这种情况”。

什么是“糖衣炮弹”？它可以是金钱、权力，也可以是美色、荣誉，这些事物对人往往有着致命的吸引力，让人在真理和公道面前忘却本分，失去自我。“糖衣炮弹”很容易会瓦解党员干部的精神信仰、理想信念，让他们开始变得贪图享受，不顾党纪国法、不管人民的利益，继而慢慢腐烂变质，从内到外被彻底侵蚀。

对党员干部而言，持有“糖衣炮弹”的大多是与之关系亲密之人，毕竟只有他们才足够了解怎样“投其所好”，让党员干部尝到甜头，所以，党员干部要时刻保持警钟长鸣，防微杜渐，守住“交友关”，把一切怀有歹毒心思的不法之徒挡在廉洁的大门之外。

然而，让人感到遗憾的是，一些党员干部存在警觉性不足、自律性不强的问题，不能持续加强自身修养、理论修养、思想道德修养、作风修养、政治修养，没有做“忠诚、干净、担当”的干部的决心，导致自己在变质的“朋友圈”中一步步沉沦，最终踏入了违反党纪国法的犯罪深渊。

卢某大学毕业后进入了乡镇工作，凭借着踏实肯干、积极上进的劲头，很快在工作中得到领导的赏识，事业有了很大的起色。此后，他相继在区住建局、区城市建设发展集团等部门任职，一步步走上了领导岗位。

身份的变化带来的是思想的变化，尤其是身边“朋友”的变化，从一开始的普通同事，到后来的领导和企业老板。一位姓孙的工程公司老板与卢某走得最近，甚至于，孙某自与卢某相识后，便开始了长达十多年的“布局”。

最初，孙某只是趁着节日给卢某送送小礼物，还曾在卢某家人生病需外出就医时亲自开车去医院，如此周到的照顾让卢某对孙某满怀感激。再往后，孙某送来的东西也慢慢发生了变化，除了高档烟酒、高档电子产品外，他还多次给卢某送大额现金。

被孙某撬开“心门”之后，卢某也变得贪婪起来。他先后在保障房工程款支付、农民安置工程承接等方面为孙某提供帮助，让后者更方便地拿到工程款，并顺利承接工程。当然，卢某在中间自然少不了“好处”。

卢某在生活中总是以“重情义”来标榜自己，用他的话说便是“别人跟我提出来了，我在能力范围内多多少少都会帮一帮”。

除了“老朋友”孙某，卢某的“邻居”姚某也是他体现“情义”的对象。姚某也是搞工程的，所以隔三岔五便会对孙某“嘘寒问暖”，并主动把昂贵的虫草、燕窝以及高档化妆品送到卢某家中，甘愿当孙某的“私人超市”。当然，作为回报，他也从卢某那里一次次地得到了帮助。

案发后，卢某被开除党籍、公职，因受贿罪被判处8年有期徒刑。

显而易见，卢某的“朋友们”用裹着糖衣的“炮弹”一次次打向他，而他也甘愿承受一次次的攻击，安心地剥下糖衣享用，殊不知，他已经把“炮弹”留在自己身边了。在变质的“朋友圈”里，他迷失了自我，也断送了自己的人生。

“糖衣炮弹”好似温水煮蛙，起初会让人产生非常愉悦的感觉。尤其是某些意志不坚定的党员干部，在面对“糖衣炮弹”时往往缺乏真正的辨别意识，更有甚者，当看到利益与诱惑时全然不顾党章、党规、党纪，也忘记了党员身份，只想着自己能品到多少“甜头儿”。试问这样的党员干部，他们又如何会去伪存真，与公正廉洁、一身正气的清白官员为伍呢？

“鸿毛性轻，积之沉舟。”再小的问题积累多了也会变成大问题。所以，党员干部在交友上若做不到“慎微”，不能秉持正向、健康的交友原则，就很容易在对方的小利小惠中栽跟头，正所谓习惯成自然，当索取他人的小利小惠变为习惯，集腋成裘，也就很难守住内心的堡垒，终会被“糖衣炮弹”击溃。

唐某曾任某省地质局办事员、地质队副大队长兼地质工程院院长，还曾是省矿局党委委员、副局长，省冶金地勘局党委书记、局长。

2018年，省纪委针对唐某的严重违纪问题立案审查。次年2月，唐某被开除党籍、公职。2020年，省高级人民法院判处唐某有期徒刑13年零6个月，并处罚金200万元人民币。

从前的唐某，是一个勘探出很多金属矿产资源的人，而今却因为经受不住“糖衣炮弹”的诱惑成了堕入腐败深渊的阶下囚，实在令人痛心疾首。

“随着权力的增大，自己成了金钱的奴隶，最终毁了自己。广大党员干部一定要以我为戒，别再犯这样的错误。”唐某的忏悔可谓字字戳心。

唐某是穷山沟里走出来的孩子，经过多年的苦心打拼才一步步成为正厅级干部。他刚当上省地矿局副局长时，并不能接受收红包这样的事，但当看到他人收得心安理得，且“没什么事情发生”后，也开始随波逐流。送红包的人也用“朋友感情”做幌子蒙骗他，让他觉得这都是朋友之间的“正常往来”，无须多想，久而久之，他也收得十分自然。

有些所谓的“朋友”找上门来，大谈“哥们儿情谊”“昔日友情”，这让唐某十分受用，于是他开始费尽心思为这些“朋友”提供方便。唐某有一个非常信任的朋友肖某，常常在他面前献殷勤，也由此得到了他更多的照顾。

当时肖某经营着一家房地产公司，便委托已经是省冶金地勘局党委书记、局长的唐某从中协调，让自己成功投标某房地产项目，并从中支付信息费。老朋友开口了，唐某自然拍着胸脯打包票。

事成之后，肖某自然要对老友“意思一下”。当得知一位朋友正出售别墅时，便带着唐某去看房，并说只要看上就直接买下来，不要担心钱的问题。唐某心生欢喜，因为好多同事都住上了大房子，自己却还住在单位的房改房里，于是几乎没有经过什么思想斗争，便欣然收下了这份“小意思”。

后来，唐某对办案人员说：“真心地忠告那些心中有信仰的党员干部，不要被眼前的鲜花和掌声遮住视线，也不要因金钱失去自由。”

不正之风与贪腐问题总是相互依存，当党员干部的内心开始躁动不安时，歪风邪气便会适时侵入，心怀不轨之徒便会以“感情”投资，拉关系、套近乎，将“权钱交易”冠以“友情”的名义，而后他们便会把一枚枚“炮弹”用糖衣裹住，打向被他们以“友情”俘获的党员干部。

古往今来，诸如此类的事例不胜枚举，今天的党员干部必须树君子之德、行君子之风，以成“君子之交”。同志之间要建立真诚、纯洁的关系，干部之间的交往也应风清气正，不断强化廉洁意识、底线意识，如此才能远离庸俗、低俗的深渊。

第九章

诚实守信，塑造爱岗敬业之风

古语云：“人无信不立，业无信不兴，国无信则衰。”可见小到一个人，大到一个国家，都必须讲求诚信。一个不诚不信之人，必然无德无义，也自然做不到忠于岗位、恪尽职守。对党员干部而言，做不到诚信，就谈不上取信于民，“全心全意为人民服务”也只能是一句空话。所以，党员干部要争做诚信风尚的引领者，以便切实地履责。

1. 守纪律讲规矩，忠诚履职

俗话说，“闭门造车，出门合辙”，做事情重在合乎规矩和规则，若不守规矩，则有倾覆之患。对党员干部来说，党章党纪、法律法规便是他们应始终恪守的规矩。越线者、逾矩者，都将遭到规矩无情的惩罚。

党员干部既是“权为民所用、利为民所谋”的践行者，也是维护者，只有严守纪律，才能做到忠诚履职。

近些年来，随着我国党风廉政建设与正风反腐斗争的不断深入，多数党员干部能够意识到守纪律、讲规矩，也能够躬身自省，在生活和工作中加强自身道德素养，但是仍然有少数党员干部在反腐大潮中心存侥幸，认为反腐不会反到自己头上，不惜以身犯险，最终倒在了规矩之下。

洪某是某县原副县长、旅游集团原党委书记、市发改委党组原书记。在走上这些岗位的过程中，洪某奋发向上、踏实肯干，恪守党规党纪，从没有越线之举。然而，当前途越发光明时，他却背离初心使命，在工作中变得我行我素，不遵规、不守纪。

2016 年，当地的县委书记郑某授意洪某，用县人民医院设备做抵押，违规融资，旨在建设尚未立项的新区开发项目。事实上，这个新区开发项目只是郑某“捞钱”的一个幌子，是虚构出来的。洪某对此也心知肚明，但他对此并没有任何反对的言辞和举动，反倒强力推进。

当时，在政府常务会议上，在职县长持反对意见，导致该项目没有通过。之后，洪某便私下让县政府办公室副主任徐某篡改会议纪要，添加根本没有上会研究的融资内容，瞒天过海。在签订协议的时候，县人民医院院长也不同意，洪某便亲自找医院领导谈话，软硬兼施。

洪某之所以表现得如此积极，是因为这个项目中的“第三方”会给他实实在在的好处。后来，洪某交代“第三方”项目拥有方在他积极联络的过程中，先后分三次共计向他行贿130万元。

2017年，县内的另一家公司因业务拓展失败，亏损近300万元，为了扭转颓势，该公司董事长希望洪某能够牵线搭桥，为公司办理借款业务。

洪某作为县政府分管领导，还没有搞清楚对外借款业务是否属于对方公司的经营范围，且并没有拿到会上审议，便直接签批“同意”。在他看来，自己的所行所举都旨在“为企业改制探路”，就算不上会审议也无可厚非。殊不知，正是他这种破坏规矩、不守纪律的行为对国有资产造成了巨大的损害。当时，该公司对外借款金额高达8亿元，后仍有5000万元没能收回。

曾经心怀梦想，把党的事业当成自己毕生追求的洪某，在面对利益和诱惑时却忘了初心使命，更把为老百姓干实事的理想信念抛诸脑后。

2021年，洪某被“双开”，并移送司法机关。

党员干部的职责便是为党和国家、人民的利益持续奋斗，为人民服务，解决老百姓最关心的问题，若不能忠诚履职，对党不忠诚、不老实，以自身利益为重，这样的党员干部会有怎样的下场可想而知了。

规矩和纪律是党员干部的生命线，每一名党员干部都要时刻警醒和反思，加强党性修养、加深纪律观念，提升对党的忠诚度，如此才能更好地履职。

在某种程度上，规矩、纪律便是标准、法度，党员干部要想做到讲政治、顾大局、懂规矩、守纪律，就有必要从以下几方面入手。

第一，坚定信念，加强学习。通过对政治理论的学习，党员干部会逐步提升自身政治素养，也会进一步净化内心，从而在思想上和行动上与党组织保持一致。

第二，遵规守纪，严以律己。党员干部要始终把“党纪国法是红线，绝不可触碰”放在心头，拒绝形式主义、官僚主义、享乐主义和奢侈之风，对自己提出高标准、严要求，淡泊名利、秉公用权，筑牢拒腐防变的思想道德底线，永葆高尚的精神追求。同时，要强化纪律意识和服从意识，对法纪法规心存敬畏。

第三，恪守本分，脚踏实地。党员干部绝不能把自己置于规矩之外，认为自己手中有权便目无法纪，搞特殊、享特权，在规矩面前“双标”，对自己有用的执行、不利的则弃之，这是严重的逾矩越线行为，只会扭曲党员干部的心理。

可见，党员干部只有不断加强党性学习、培训和教育，切实地把遵规守纪渗透到生活中和工作中的各个方面，内化于心、外化于行，才会形成健康、阳光的价值取向。

肖永顺年轻时曾参加过“辽沈战役”，并荣立三等功。因在战争中被炮火震聋了耳朵，便复员回乡。

回到家乡后，肖永顺成了一名村干部。在岗位上，他廉洁奉公、忠于职守，每天都会组织村民生产。在生活中，他也是带头发扬艰苦朴素的作风，从不在意吃穿。

一次，一位知名作家到村里打算采访肖永顺，但那时候肖家生活贫苦，没有菜，肖永顺的父亲便从地里拔了几个萝卜带回去给客人吃。肖永顺发现后，说萝卜是公家财产，不能拿，第二天便把萝卜还回村里。这件事给那位作家留下了深刻的印象。

几年后，这位作家再次到村里看望肖永顺，肖永顺的儿子私下里找到那位作家，想请他帮忙把自己调到县城工作。肖永顺知道后，对儿子说，咱是共产党员，也是党的干部，要遵守党的规矩，绝不能搞不正之风。

忠诚、干净、担当的本色在肖永顺身上得到了完美的体现。后来，肖永顺被评为“全国劳动模范”“民兵战斗英雄”。

严格遵守党的纪律和规矩，廉洁清正，是肖永顺一生的写照，他始终以一颗赤诚之心服务于党、服务于人民，无愧于党的忠诚卫士。

当下，有些党员干部的所思所想、所作所为完全背离了作为一名党员干部应有的品行与操守。他们把“上有政策、下有对策”奉为从政准则，说一套做一套，错把守规矩理解为“磨洋工”“不作为”，甚至公然无视纪律与规矩。

还有一些党员干部不注重学习，不能从内心深处正确地理解政策法规，试问如此，又怎能遵纪律、守规矩呢？因此，党员干部必须从严要求自己、管理自己，把党的政治纪律和规矩深植于心，且要从违纪违法被查处的案例中吸取教训，引以为戒，继而做到手握戒尺、心存敬畏，做到守纪律、讲规矩，忠诚履职。

2. 莫把诚信当儿戏

《韩非子·外储说左上篇》中云："小信成则大信立，故明主积于信。"意思是，在小事上能够讲诚信、守信用，在大事上自然会建立起信用，因此明智的君主总会通过守信誉来积累声望。换句话说，绝不能把诚信当儿戏，一旦失信于人，从小的方面讲，别人不再相信自己；从大的方面讲，恐怕在社会上也难以立足。

诚信是一个人的"名片"，更是为人之本，一旦损坏便很难恢复。特别是党员干部，失信于民势必引来群众的反对之声，所以党员干部的失信绝不是个人的事儿，党员干部要时刻保持敬畏之心，谨小慎微，把诚信当作为官之道、立身之本，才能得到组织的信任和群众的拥戴，成为诚信风尚的引领者、社会主义道德的示范者。

2004 年 7 月，刘昌权加入中国共产党，2016 年 12 月退役回乡，次年 1 月担任武笔街道木界村村委会主任，2022 年 1 月当选为武笔街道木界村党支部书记、村主任。

自任职之初，刘昌权就牢记一名村干部的职责，用实际行动兑现承诺，敢于担当、忠于职守，曾先后获得"黔东南州脱贫攻坚优秀村干部""黔东南州 2020 年脱贫攻坚优秀致富带头人""贵州省劳动模范"等荣誉称号。刘昌权能够得到一连串的殊荣，自然与他的踏实肯干、诚实守信、认真履职密不可分。

2016年，38岁的刘昌权决定参选木界村村委会主任一职。在选举当天，有村民议论纷纷，“他有时间干村上的事不?”“会不会是想到村上搞点项目做?”听到这些议论声，刘昌权暗下决心，如果自己当选，一定把产业做起来，让大家都参与其中，拿分红。

话谁都会说，可真干起来并不容易。成功当选的刘昌权知道自己身上的担子重，为了更好地兑现承诺，他开始从最基础的事情做起，逐家走访、开小组会议、与群众贴心交流……

“承诺了的事，就要坚持做到底，否则就只能是一句空话。”刘昌权是这样说的，同时也用行动来证明这并非一句空话。

那段时间，刘昌权奔走在田间地头，与小组长、村民、党员及历届村干部促膝长谈，了解大家的内心所想，又结合村里的实际情况到外省考察。历经半年的调研，刘昌权看到了食用菌市场的发展前景，于是制定了“党支部+合作社+农户”的发展模式，启动了当时全省唯一一家玉木耳培植项目。当年，便产出15万多斤玉木耳，年产值200余万元，户均分红994元。

后经2年的努力，食用菌产业规模再次扩大，实现了100余名村民的稳定就业。同时，运营了一家占地500余平方米的便民超市，持续为村里实现着增收。

事实上，合作社运营之后，一度困难重重，但刘昌权信守承诺，不曾拖欠过贫困户分红资金及村民工资。有一次，合作社遇到资金周转难的问题，恰逢给村民开支，刘昌权便从外面借来30万元为村民发放。

“信者，人言也。”这是刘昌权内心的一把标尺。而“把产业做起来，让村上的剩余劳动力有活干、有分红”的承诺，也在他一步一个脚印的实干中一一兑现了。

《墨子·修身》中云："言不信者行不果。"意为说话不讲诚信的人，做事就不会得到好的结果。刘昌权在竞选之初便立下承诺，要做起产业，带民致富，他用实际行动兑现了承诺，即便自己遇到再大的难题都咬牙坚持，这份诚信精神是难能可贵的。

在从政之路上，党员干部把人民群众的利益放在第一位，是确保切实履行职责、兑现承诺的关键。所以，以下几种近乎"儿戏"般的承诺值得警惕。

第一，油腔滑调类。某政府部门办公大楼的显示屏上长期滚动着这样一句标语："为了百姓的一切，一切为了百姓，为了一切百姓。"这句标语看起来很令人动容，但这种服务于民的理念本来可以用一句简单的话概括，或者说，如果真正把老百姓放在心里，没有标语也一样会得到大家的拥护。尴尬的是，该政府便发生过数次干部不作为，导致老百姓"上访"的事件，这种现实让那句标语显得越发刺眼。

第二，随口应允类。这是一些并没有把群众利益摆在首位的党员干部惯用的"伎俩"，他们常常敷衍塞责，能拖则拖，做出的承诺也过于随意。某县一位副县长为了"拦住"数百名打算到市里上访的讨薪农民工，打包票表示，三天之内解决所有问题，如果到期不能解决，县财政会支付这笔钱，为此他还写下书面保证。然而，一年过去了，农民工还是没有拿到钱。后来面对媒体询问时，这位副县长总算说了实话。他当初所作的承诺旨在"哄"住那些农民工不去市里上访。他倒是解了"燃眉之急"，可政府却要被指"失信于民"。

第三，夸大其词类。曾有一地公安机关把"四有四必"当成口号，向公众作出的承诺是——有警必接、有难必帮、有险必除、有求必应。这个口号的初衷无可非议，也深受当地群众的拥护，但之后便发生了令人大失所望的事情：有群众举报时，发现时隔一天才有相关民警联系举报人，且态度恶劣；还有群众曾遭恐吓，但报警后却"不了了之"。原来，这个口号的"作秀"成分大于实际，完全是为了迎合某些喜欢做表面功夫的领导。

第四，信口开河类。有些党员干部为了“出政绩”，便向大众作出根本不现实的承诺，这类承诺与“夸大其词类”颇为相似，但似乎更甚。比如，某省内一区政府为了兴建“小商品批发市场”，在招商文件中作出“减免一切规费及投资方向调节税”的承诺，可最终区政府却难以兑现承诺，不但没能给当地创造经济效益，还引发诸多负面社会效应。最终，区政府与入驻商户打了三十多起官司。无论谁输谁赢，其实区政府都是输家。归根结底，在于区政府为招商所信口说出的难以兑现的承诺。

诸如上述四种视诚信为儿戏的事例，在现实中也时有发生，党员干部必须引以为戒，凡事诚信在先，才能逐步地开展群众工作。同时，党和政府的形象也有赖于诚信的树立和巩固，切记坚决不做失诚于民、失信于民、食言于民的干部。

3. 牢记“守信”美德，塑造诚信口碑

北宋著名思想家、政治家、文学家、改革家王安石的《商鞅》中有云：“一言为重百金轻。”诚信是最基本的道德规范，更是为官者的为官之“要”。中国自古便有“得民心者得天下，失民心者失天下”的训诫，而如何才能得民心呢？自然是取信于民。

商鞅主持变法，通过“立木取信”，取得了民众的信任。立木取信故事充分地说明了一个道理，诚信是不会凭空出现的，唯有讲诚信的人主动构建起讲诚信、重承诺的“诚信系统”，才不会出现无端透支公信

力、守不住诚信底线的问题。

从这个角度讲，党员干部只有守信、重诺，甚至一诺千金，以身作则，率先垂范，带头讲诚信、守信用，在干创事业时才会有底气、有信心，面对不法之徒和歪风邪气才能杀伐果断。

诚信的环境需要每个人付出自己的努力才能营建并持续维护，党员干部要争当讲诚信的先行者，努力为形成守信光荣、失信可耻的良好氛围出心出力。

陈有昌一直把诚实守信当作人生和从政的第一准则，他自2008年开始担任北海市珍珠行业协会党支部书记，始终以实际行动践行初心使命，严于律己、守信重诺，老百姓都亲切地称呼他“有昌书记”。

2007年初，北海水产行业遭遇“寒冬”，销售商、游客锐减，在这样的不利局势下，如何才能让当地水产市场再次“复活”成了一个大问题。次年4月，北海市珍珠行业协会党支部成立，在珍珠经营上经验丰富的陈有昌当选为党支部书记。

党支部成立后，陈有昌倾囊相授，把自己20余年的经商经验分享给所有经营商户，还积极开展诚信经营、放心消费等主题活动，同时进一步加强行业自律，并让党员带头，以带动广大商户，从而以诚信重新赢回销售商和顾客。

“党员干部的一言一行对群众的影响是潜移默化的，因此，作为党员干部要把‘诚信’二字内化于心，外化于行，做诚信的典范。”这是深植于陈有昌内心的想法，他也一步步在实践中落实着这一想法。

当时市场商户不足100户，在陈有昌以诚经营的理念带动下，逐渐发展到400多户。近年来，陈有昌还把诚信经营与市场品牌建设相结合，引导党员做诚信经营的“宣传员、调解员、组织员、监督员、服务员”，整个市场做到了人人自觉遵守诚信公约。此时的北海水产市场，已是一片热闹兴旺的景象。

“不信不立，不诚不行。”诚信是发展的基石，无论说话做事都必须以诚为根、以诚为基，而一个人能够待人以诚、处世以诚，就不会沾染污浊之气，自然能够远离腐化堕落，进一步提高党性修养。反之，没有守信的美德，就不可能有诚信的口碑，很容易走上“金钱开道、投机钻营、跑官买官”的扭曲之路。

卢某，司法部党组原成员、政治部原主任。是一个靠耍手段入学教书的民办教师，后来却“平步青云”身居高位。在其背后，贴着数个标签，但为人所津津乐道的只有“五假干部”。

卢某出生在山东阳谷县，他的身份证上出生日期是1965年，实际上他是1957年出生。篡改年龄是他“造假”的第一步。他的学习成绩一般，只有语文成绩尚可，他想方设法地入学教书，据说是用两瓶罐头贿赂了村支书才如愿的。

为了当上教师，卢某还把自己的学历填写为“高中”，之后弄到一张假的高中毕业证。当时他被安排教小学五年级数学，可谓“丑态百出”，有学生回忆说，当时只要学生问他数学题，他就会说出自己的两句口头禅——“自己钻研”“你问我，我问谁?”

20世纪90年代初，政府鼓励创办企业，卢某看准时机，找门路、托关系，游说了当地的教育局、财政局领导，吹嘘自己有经商本领，最终得到了20万元的贷款。

有了钱后，卢某经营起玻璃生意，并赚到了第一桶金，之后便开始向官场“过渡”。翻看他履历文凭可以看到，他的高学历和辉煌履历都是不存在的，可为了让自己看起来光鲜，就只能暗箱操作。于是，一个个不凡的标签贴在了他身上，加之“金钱护航”，他坐上了县工商局局长的位置。

2015 年，卢某通过多年的“精心”运作终于登上人生巅峰，当上了县委书记。

可转眼之间，2016 年，卢某的“大厦”轰然倒塌。细数他为官之路上的行贿受贿次数，早已数不过来，而累计金额却很清晰——1278 万元。最终，他锒铛入狱，被判处 12 年有期徒刑，并处罚金 300 万元人民币。

在“造假”上，卢某可谓无所不用其极，他还有一“假”表现在家庭情况造假。他有 7 名子女，可在相关材料上只填写了两名，其他 5 名子女均被他借用假手续落户在亲戚家，做这一切的目的只为了在领导面前“不留破绽”。

“五假副部”果然“名副其实”，而他最终也为自己的“造假”付出了应有的代价。

假则不诚，不诚者自然无以立身。更关键的还在于，失了诚信的美德，就难以在纪律和规矩面前挺直腰板，很容易做出越界的举动，损害党和国家、人民的利益。

4. 立足岗位：在其位，谋其事

一个人不管身在何种岗位，重要的是尽职尽责，做好本分。公交车司机按时到岗，平安地运送乘客至每一站，便是尽职；环卫工人把自己负责的区域清扫干净便是尽职；医生救死扶伤便是尽职；教师对待学生像对待自己的子女一样，同样也是尽职。那么，党员干部如何尽职尽责呢？

忠于职守，爱岗敬业。

这是对每个行业从业者的基本要求，身为党员干部也必然要遵从这一原则，要热爱自己的岗位，专注于本职工作，在工作中投入饱满的热情，发挥主观能动性，不断提升自己的个人素养，发挥党员干部的先锋作用。

湍口镇迎丰村村干部王丰华，便是一个立足于个人岗位，切实履行岗位职责的党员干部。

2013 年 12 月，王丰华成为湍口镇迎丰村村委会主任，在工作中，他甘于奉献、一心为民，在任职的短短 6 年时间里，用心记录了 21 本共计近 100 万字的“村干部笔记”。在这本笔记中，小到村民的个人诉求，大到村里的各项建设，可谓面面俱到。

2014 年，已经患有多年疝气病的他又得了腰椎间盘突出症，但他仍然咬牙坚持工作，直到 2015 年 11 月实在挺不下去了才到医院做了两侧疝气手术。在病床上，他心里还是牵挂着村里的事务，用微信群发解答了让村民疑惑的 42 条政策问题。出院后，他也没有回家休养，而是一头扎进了工作中。

王丰华的“年薪”是 2.3 万元，可他的大部分工资都用在了别人身上。每到年终，他都会自掏腰包慰问村里的老年人，还承诺村里 80 岁以上的老人只要支付 1 元钱就可以吃上荤素搭配得当的午饭。当然，王丰华会在私底下偷偷“补贴”。

在刚当上区人大代表时，为提出加宽昌文公路的建议，王丰华接连几天都与其他几名代表待在一起，在公路旁测试来往汽车的流量。而后走访周边的村落，了解村民的诉求。在他的努力下，原本最窄处只有3米的昌文公路变宽了。

忠于职守的王丰华，始终一心为公。为了建设美丽乡村，他首先从自己姐姐家“开刀”——拆违建。那时候他彻夜难眠，琢磨着如何才能让村民甘愿接受“拆房子”，后来他想到是：“‘拆字’去掉一点就是存折的‘折’字，折就是得，先拆先得利。”在他的带动和劝说下，村子一改旧貌，变得日益美丽。可是，他却没机会再多看一眼了。

2018年7月17日晚，王丰华和几名村干部在溪水中清理鱼草。第二天，他感到身体不适，住院后被确诊为胃癌晚期。可即便如此，他还是一心扑在村里的工作上。12月，他与村干部冒雪为建设养老院驿站测量放样；次年，拖着病体的他时刻留意着村里的发展；3月9日，已经化疗十二次的王丰华从医院请假回家，拄着拐杖为国学堂放样；6月6日，他的生命戛然而止，时年56岁。

今天的迎丰村早已焕然一新，王丰华虽然不能亲眼看到，但他留下的21本笔记却早已把他心中最美的村庄描绘下来。

王丰华用自己的一举一动展现着新时代共产党员“不忘初心、牢记使命”的责任担当，他也用自己的实际行动诠释了“忠于职守、爱岗敬业”的深层奥义。

廉洁正直，不徇私情。

党员干部要学会放下“架子”和“身段”，真正走到人民群众中，解决老百姓最关注的问题。在这个过程中，要严守从政之德，廉洁办公，不但不做“雁过拔毛”的事情，还要主动远离腐败，坚决把一切歪风邪气扫除干净！

李英全是白坭镇人力资源和社会保障局仲裁员。在工作中，他坚持公正清廉、公平仲裁的原则，累计为上千名产业工人追讨到薪金。

当时的广东山水区南部的工业重镇白坭镇，因分布了很多陶瓷、建材企业，所以也集聚了大量产业工人，长期以来，劳动仲裁都面临着巨大的考验。

2017 年 7 月中旬，镇里的一家沥青生产厂进入破产清算程序，几名高管提起仲裁，追讨费用合计 800 万元。在调解程序中，李英全把调查证据一一摆到台面，几位高管觉得自己的诉求不能被满足，于是多次到仲裁部门送礼，甚至托关系向李英全施压。李英全不为所动，不仅遵照事实驳回了几位高管的仲裁请求，还为他们详细地讲政策，最终几位高管全部服裁。

类似这样的事件时有发生，每次李英全都是一碗水端平。又有一次，镇里的一家大型民营医院经营者拒付职工工资，理由是银行账户被法院查封，由此导致了一百多名员工与院方发生劳资纠纷。为避免矛盾升级，李英全立即审查资料，估算出职工应获得的赔偿金额，并制订了可行性调解方案。在李英全的调节下，最终劳资双方共同签订了调解协议，职工共计获得 100 多万元工资及其他补偿金，其中 8 名孕妇还得到了孕期工资和产假补贴。一些被拖欠的职工拿到钱后，他们的亲属纷纷表示要请李英全“饮茶”，但都被他谢绝了。

在李英全的心里，公平仲裁、不徇私情、廉洁奉公是对自己职业的最大尊重。

敢于担当，勇于作为。党员干部的担当表现在始终把责任放在肩上，通过不断积累工作方法和技巧，练就自身本领和过硬素质，以此更好地完成各项任务和本职工作，从而真正做有担当、敢作为的人民“勤务兵”。

“群众利益无小事”是常挂在钟治田嘴边的一句话。为了更好地践行这句话，他坚守廉洁初心，砥砺前行，不断向基层不正之风“亮剑”。

当年钟治田被调到张槎街担任纪工委副书记，一手抓制度建设，一手抓监督执纪，并亲自带领同事驻村现场办公，专门从“老大难”的问题入手。在很多人看来，纪检监察工作是份儿费力不讨好的苦差事，还容易得罪人，但钟治田毫不在乎，他说：“做纪检工作不要怕得罪人，否则你就不要做。”

在处理基层问题上，钟治田更有“排雷专家”的雅号，这源于他行动果敢、敢作敢为。一次，他的办公室一大早就被人叩响，打开门一看，只见一名持刀村民站在那里，他是来反映村民小组换届选举不公平的问题。

在反映期间，这位村民突然情绪失控，紧急关头，钟治田急忙制止，并最终将其劝服。而后，他亲自调查了这一问题，后来该村民再也没有上访过。

由于工作出色，钟治田先后荣立个人三等功 1 次、被禅城区政府嘉奖 4 次。

爱岗敬业、勤勤恳恳，是每一名共产党员的“天职”，更是他们的本分。党员干部务必要清晰地认识到自己所在的岗位对党和国家、人民的意义，在履行职责上坚决不打折，树立为人民的利益甘愿牺牲个人一切的崇高思想，这才是一名合格共产党员该有的模样。

5. 尽职尽责，为党和人民创造不凡业绩

尽职尽责要求党员干部必须真正地弯下腰、俯下身，走进基层，走到老百姓中间，切实地解决老百姓关心的问题。“业绩无大小”，只要是为老百姓办事，再小的事情也大过天；反过来说，党员干部一旦为己不为人、重利不重义，把个人私欲凌驾于党和国家、人民利益之上，那么他的“动静”越大，距离腐败就越近、距离廉洁就越远。

从这个层面看，党员干部是否廉洁的标志之一便是能否发自内心地对待自己的本职工作，是否有求真务实、去伪存真的精神，是否愿意把最基础、最平凡的工作当成终身事业。这或许是一条充满艰难险阻的路，会让人觉得枯燥乏味，不过正因如此，才能考验党员干部的党性，考验他们是否拥有一颗肯为党和人民创造不凡业绩的心。

丁淑萍是沂南县人力资源和社会保障局党组书记、局长，县妇女联合会党组书记、主席，她曾被授予“人民满意的公务员”称号。

丁淑萍是听着老一辈英模人物的事迹长大的，走上工作岗位后，她深埋于心中的积极力量也释放了出来。她常说：“我是一名共产党员，人民群众对美好生活的向往是我们党的奋斗目标，也是我的奋斗目标。”又说：“沂蒙精神就是党群同心、军民情深，在脱贫致富的道路上，不能丢下一个妇女，就像当

年沂蒙妇女不会丢下一个八路军伤员一样。”

在她的带动下，全县举办起“女致富带头人”培训班，并开展“乡村振兴巾帼行动”和“巾帼家政进乡村”行动，为妇女群众扭转思想、提高致富本领做出了突出贡献。

在她看来，要想从根本上解决妇女致富的问题，就必须为她们提供更多的就业机会。于是，她多次到县里的企业走访、动员，希望他们能把扶贫车间建在贫困乡村，这样就能创造更多的就业岗位。

她的努力很快得到了回报，先后有21家企业在贫困乡村建成了200多处扶贫车间，为1万多名妇女提供了就业机会。此外，她还与金融部门取得联系，促使县里推出了“红嫂贷”小额贴息贷款，为想创业的妇女解决了资金问题。据统计，已有2000多名妇女获得了8800余万元贷款，使得近万名妇女通过创业实现脱贫致富。

当村民得到了实惠后，街头巷尾都流传着这样一句顺口溜：“做着饭、看着孩，一个月还挣几千块。”

2021年2月，丁淑萍被授予“全国三八红旗手”称号，次年被授予全国“人民满意的公务员”称号。她说：“能被评为全国‘人民满意的公务员’，离不开党组织对我多年的培养，更离不开众多兄弟姊妹的关心和支持，千言万语化作一声感谢。我也将不负厚望，在传承沂蒙精神的道路上继续前进。”

党员干部为国、为党、为民理应是职责所在，要把小我融入祖国的大我之中，时刻践行为民服务的宗旨，廉洁自律、克己奉公、心系群众、有诺必践。

新时代的党员干部，要把为人民幸福而奋斗当成最大的幸福，立足本职工作，真抓实干，这既是党和国家、人民对党员干部的基本要求，更是党员干部应有的个人操守。

尽职尽责，说起来简单，做起来并不容易。它要求党员干部明确自身职责，主动负责，勇于担责。无论遇到什么事情，都要发挥党员干部的先锋模范作用，解放思想，实事求是，永远做一心为公、不私于物的共产党人。

杨善洲是云南省原保山地委书记，他的事迹早已传遍神州大地，他不但是广大党员干部的学习楷模，也是普通人的学习榜样。

杨善洲一生廉洁奉公、艰苦创业，一心为民谋福利，带领人民群众发展粮食生产、开展多种经营，让贫困的山区旧貌换新颜，老百姓过上了好日子。闻名全国的“滇西粮仓”，便是杨善洲一手打造的。

退休后的杨善洲不愿意进省城安度晚年，毅然选择带领广大群众义务植树造林，一干就是20多年。慢慢地，荒山变成绿洲，一个占地约5.6万亩的大凉山林场建成了。他还带领群众修建了长18公里的林区公路，架设了4公里多的输电线路，使得大凉山终于“亮了起来”。

2009年4月，杨善洲把林场的全部经营管理权无偿交给国家，自己分文不取。他一生只顾奉献，还总是拿自己的工资接济日子贫苦的老百姓。在世时，他总是说：“只要生命不结束，服务人民不停止。”

2010年，杨善洲病逝，但他的模范事迹和精神却形成了一面鲜明的旗帜，在祖国的大地上永远飘扬。

“尽职尽责”四个字，在杨善洲的身上得到了完美的展现，他也用行动诠释了这四个字的意义。

新时代的党员干部就应当有“孺子牛”的精神，肩负责任和使命，树立正确的政绩观、利益观，把为党和人民创造更大的利益摆在前头，做好党和人民的代言人，在工作中勤劳务实、脚踏实地，甘愿为老百姓过上更好的生活负重前行。

第十章

树立好家风，筑牢后方“廉阵地”

古语云：“家之兴替，在于礼义，不在于富贵贫贱。”中国自古崇尚优良的家风，时至今日，家风仍然有其独特的作用和意义。党员干部应懂得涵养培植好家风，促使家庭成员守住道德防线、廉洁底线，确保“小家之风”清正廉明，从而推动“大家之风”清朗、干净、纯粹。

1. 欲正党风，先正家风

《格言联璧》中云：“勤俭治家之本，和顺齐家之本，谨慎保家之本，诗书起家之本，忠孝传家之本。”在无数此类古训贤言中，我们可以清晰地看到古人对家风的重视。家风影响着一个人的生活作风、处世态度，也决定了一个人在社会上更愿意利己还是利他。

家风有着强大的感染力，个人的思想、行为、价值观等都会在不同家风的熏陶下呈现出不同的样子。因此，树立良好家风对一个人有非凡的意义。而对党员干部来说，正家风更不可忽视。

很多家族式腐败源于没有端正的家风，继而导致家庭成员之间组成同盟、相互包庇，滥用公权为己谋利；或者家庭成员被贪腐的“炮弹”击中，把党员干部拉进泥潭。可见，没有良好的家风，就没有强烈的“利他”意识，必然会为贪腐埋下祸根。

2006年的一天，一位从事地产生意的商人高某找到姜某，希望姜某可以在地产开发等相关事宜上提供帮助。

当时姜某是某省国土资源厅助理巡视员，同时兼任某市国土资源局党委书记、局长。面对高某的请求，姜某几乎没有犹豫，一方面他知道自己帮了忙之后肯定少不了好处，另一方面，高某是他儿子的老同学。有了这层关系，姜某更是没有拒绝的理由了。

很快，姜某便利用自己的职务帮高某的公司得到了一块土地的使用权，同时在转让价格、款项支付期限变更上提供了很多的帮助。

为了报答姜某，高某开始把姜某和他儿子一起拉着做生意。有了这对父子的帮扶，高某便以某公司名义参与投资一个水库土地整治项目，从中渔利1500万元。

2020年，高某“听闻”姜某看中了一栋别墅，便以“极其优惠”的价格卖给了他。次年6月，姜某的儿子又声称自己的岳父看好了一栋别墅，高某便再次给出“优惠价”。

2021年7月，纪检监察机关对姜某父子立案调查，并采取留置措施。后经法院判决，姜某被判处有期徒刑13年，并处罚金300万元。父亲判了刑，儿子也脱不了干系。据查实，姜某在职期间大肆受贿，金额高达3000万元，其中1800万元是他与儿子一起贪污的。就这样，姜某的儿子最终被判处有期徒刑5年，并处罚金50万元。

一门两父子，同为阶下囚。姜某父子显然把公权当成了自己的私权，认为“有权不用，过期作废”，故此在职期间把一切纪律要求都抛在脑后，这是他们最终身陷囹圄的主要原因。可见，若没有积极、正向、健康的家风家教，在面对利益和诱惑时就无法做出最明智的选择。

《中国共产党纪律处分条例》第一百三十六条专门强调了家风建设，“党员领导干部不重视家风建设，对配偶、子女及其配偶失管失教，造成不良影响或者严重后果的，给予警告或者严重警告处分；情节严重的，给予撤销党内职务处分”。可见，正家风理应是党员干部的必修课，这也是加强党风廉政建设的必要“通道”。

“一室之不治，何以天下家国为？”党员干部若不能守好家门，端正家风，随意收受他人财物，且对家庭成员的“腐败”苗头或行为不加以制止，也就必然谈不到严党纪、正党风。

败坏的家风是驱动党员干部走向腐化的催化剂和牵引力，因而党员干部必须敲响“正家风”的警钟，让正能量吹遍家庭的每个角落，吹进每个家庭成员的心田，这样才能从根本上激浊扬清，抵制腐败。

谷文昌，河南省林县（今林州市）人，1944 年加入中国共产党，而后在东山岛先后任职城关区委书记、县委组织部部长、县长、县委书记。出生于贫苦之家的谷文昌一生都保持着清白廉洁的本色，他也把艰苦朴素、为民奉献、清白持家作为家风传递下去。

一生廉洁自律的谷文昌，从不讲究物质享受，他的小儿子谷豫东曾说：“父母一辈子清贫、朴素，家里从没置办过什么值钱的家具。”谷文昌总是告诫家人：“不许沾公家的一点油！”

作为党员干部，谷文昌始终把一颗心扑在工作上。当时东山县气候条件非常恶劣，风沙肆虐，谷文昌便一头扎进“治沙”工作中。谷文昌当时的警卫员说：“谷书记起早摸黑，废寝忘食……有时工作得太晚，只好睡在群众家里，在地板上铺上稻草就打地铺。”在他的大女儿眼里，父亲好似“别人”的父亲：“（我）早上起床时他已经出门了，晚上睡觉时还没有回来，有时一连好几天都在乡下。”

在谷文昌的影响下，谷家儿女从不把自己当干部子女，只把自己看成无数普通劳动者中的一员，生活简朴，以诚待人。谷豫闽（谷文昌的大儿子）的初中同学在谈起他时一直赞不绝口：“豫闽心地善良，一生质朴，到老了住的房子也不大，家里也没什么值钱的家具。”

朴素的家风成了谷家的“传家宝”，谷文昌一生勤俭、廉洁，虽然没有给家人留下物质财富，可却留下了一笔宝贵的精神财富。

与上面案例中的姜氏父子相比，谷文昌及儿女的言行举止无疑是高尚的、令人尊敬的，两个家庭拥有的“风气”不同，也自然会有不同的结局。姜氏父子沦为了阶下囚，而谷文昌过世后却被人民永记于心——2003 年 7 月，福建省委报请中央办公厅批准兴建谷文昌纪念馆，旨在弘扬谷文昌精神。

福建省委党校党建部教授李烈满说：“谷文昌家风集中体现了那一代共产党员艰苦朴素、清白为官、为民奉献的优良作风，是我们党的建设宝贵的精神财富，全面从严治党，应该把这些优良传统继承好、发扬好，让谷文昌式的好家风成为我们党永不褪色的‘传家宝’。”

2. 严以治家，严以用权

古语云：“治家严，家乃和；居乡恕，乡乃睦。”严以治家，家庭成员之间在相处上就不容易“越线逾矩”，会按照既定规则友好相处，否则老不像老，幼不像幼，这样的家庭自然乌烟瘴气。治家讲求一定的方法，但归根结底，要谨守一个“严”字。家庭之中有了“严”的氛围甚至形成“严”的文化，家庭成员就不会轻易做出有悖于公理和道德的事情，久而久之，“严”即会在他们心中形成一个界限和标准，不会轻易触犯。

党员干部治家以严，更能体现出“严”带来的益处。这种严会约束包括党员干部在内的所有家庭成员，教会他们遵纪守法是基本要求，如果违规违纪，不受法度的约束，就很容易被欲望支配，做出无法挽回的事情。

此外，党员干部治家以严还体现在严以用权上。在家庭中营造“严”的氛围，有利于家庭成员达成“权力为公”的共识，也就不会搞特殊、要特权，会把自己当成普通群众，始终与人民站在一起。反之，家教不严，家风不正，党员干部自身再没有严守规矩的意识，结果便可想而知。

尤某是一名有着工学博士学位的专家型厅长，他能够获得这样的学位和地位，与自己脚踏实地的稳健作风密不可分。然而，他没能守住内心的清明，被所谓“官场哲学”浸染，最终深陷其中，无法自拔。

起初，他对别人送礼、行贿的举动嗤之以鼻，谨守“为官以廉”的原则和本分。但时间一长，看到别人以权谋私且“安然无恙”时，他的心开始动摇。他喜欢字画和文玩，于是当不法之徒找到了这个突破口后，便慢慢地撬开了他紧密的心门。

一次忐忑、两次不安、三次自然而然，这是尤某受贿的心理变化。甚至于，在组织上一再倡导正风反腐时，他依然不知收敛。不能严以用权，是把尤某推向贪腐深渊的第一股力量。

说起来，尤某的妻子也是“受害者”。她原本是一名谨慎朴实、清廉自律的好干部，可在丈夫的影响下，她的思想也开始动摇。一次朋友托她办一件小事，送来了不少财物，她当即心花怒放，觉得原来自己“稍稍动动手指就能赚这么多”，不由得感慨以前的自己太“刻板守旧”了。

就这样，两夫妻“夫唱妇随”，在家里刮起了“腐败风”。这种风气直接影响的是他们的儿子。

儿子长期生活在这样的家庭中，对父母的一言一行自然是耳濡目染。一次，尤某单位的下属在饭局上直接把一个装着1

万元现金的信封交给尤某的儿子，说是给他的“零用钱”，尤某的儿子当即收下。回家后，他把事情转告给父亲尤某，尤某一笑置之，什么也没说。

在这种放纵和家风的熏染下，尤某的儿子也开始私下收受“贿赂”，还曾多次打着父亲尤某的名义承诺不法之徒请托之事。最终，这一家人都受到了法律的制裁。

党员干部若想树立“既严且正”的家风，必须先从自身做起，严于律己，以身作则，自己先做个治家以严、用权以严的人，由此便会逐渐形成遵规守纪的家庭风气，从而促使家庭成员也都成为守法公民。

治家以严与修身以严都是基础，根本目的在于用权以严。所以，党员干部在严格的自我约束的同时，也要弄清楚“权从何来”和“如何用权”这两个大问题。

首先，“权从何来”。邓小平同志曾说：“领导就是服务。”为谁服务？当然是为人民服务，因此党员干部的权力来源便一清二楚了。权力来源于人民，党员干部只是权力的使用者，最终的“受益者”始终是人民群众。

其次，“如何用权”。明确了权力的来源和服务对象，党员干部就必须明白如何用权。权力是一把双刃剑，有了权力之后必须正确使用，否则必将伤人伤己。党员干部要想用好权，就一定要遵从“公私分明、克己奉公、严格自律”的原则，绝不能手中掌权后开始恣意妄为，把权力用在为自己谋利上，这自然是违规用权的表现。所以，手中有权的党员干部无论何时都不能搞特殊，要时刻在自律上练内功、求突破，做清廉公正的清白干部。

王某（化名）是某市人民检察院第二检察部副主任、二级检察官助理。他出生在军人家庭，这也让他自幼就感受到了一股朗清正气。父母也总是教导他做人要有纯良的秉性，要公正廉明。

王某还清晰地记得，父亲复员后回到村里担任民兵营长，面对任何影响村民生活秩序的违法活动都会挺身而出，这也让他树立起长大之后成为正义执法者的志向。后来，他的父亲又担任了村支书，他也亲眼见证了一位老党员是如何兢兢业业地为国为民的。

回想起父亲曾经的教导，现在的王某依然心潮澎湃，父亲常说：作为党的干部，做事情一定要公正，绝不能因私废公。他父亲还在任时，曾有一位近亲向他父亲求情，希望组织可以给予特定的慰问品等物质关怀，他父亲知道这位村民不符合条件，便说“国家有真义，岂敢私废公”，坚决不同意。岂料那位村民抓着他父亲，一通责骂，但他父亲始终坚守原则，这对王某产生了深深的影响。

后来，王某也立志投身于祖国社会建设的大潮中，并最终成为一名人民检察官。身处这样的岗位，王某知道自己肩负的责任和使命，所以不管是刑事检查还是职务犯罪侦查，他始终冲在前头，干净做人、清白做事，继承了父辈身上刚正朗清、公平廉明的特质，并将其视为自己对子女的期许，形成了廉洁的家风。

权力意味着责任。党员干部手中的权力越大，肩上的责任就越大，因而用权以严就显得更加重要。党员干部要慎重对待手中的权力，必须抱持恭敬畏的态度，切实地行使好权力、履行好责任。

3. 争当“廉内助”，守好幸福门

党员干部在加强自身崇廉拒腐意识的同时，也要逐步提升家庭成员的防腐抗变能力。因为党员干部的家庭成员也很容易变成不法之徒的“攻坚目标”，因而，家庭成员若能时刻保持警惕性，有着强烈的反腐意识，就会在廉政建设中起到积极的助推作用，从而构筑坚固的家庭反腐、防腐堡垒。

近些年来，在一些“落马”的党员干部中，有相当一部分是因为家庭成员，特别是配偶不能守好“后院”，才导致腐败之风在家中盛行，因而党员干部的配偶只有当好“廉内助”，在家庭中常吹“廉洁风”，才能守好“幸福门”。

某国有企业厂长魏某与妻子卢某均是该企业的老职工，两人结婚三十年，悉心经营自己的家庭，因为是“双职工”家庭，所以周围人都很羡慕。可惜，原本一个幸福之家却因卢某对自己角色定位的“偏差”而被毁掉。

魏某作为厂长，自然很多人都想与他搭上关系，认为这样做起事情来会方便许多。不过魏某是个很正直的干部，每次开会都一再有意提醒别有用心之人不要“以身犯险”，这也等于直接告诉那些人不要打他的主意。

魏某的妻子卢某是个爱占便宜的人，虽然魏某告诉不要为上门送礼的人开门，但她对那些人的“软磨硬泡”没有拒绝。

于是，家里到处摆满了别人送来的“礼物”，小到普通的家用电器，大到昂贵的电子产品和厨房用具，可谓应有尽有。对于这一切，魏某有些无可奈何，时间一长也只能睁一只眼闭一只眼了。

见丈夫不再过问，卢某开始变本加厉起来，不但收受他人送来的礼物，还会暗示可以帮忙办事，最后还“明码标价”，索取金钱。而魏某也在妻子的“枕边风”之下开始动摇，对妻子“有权不用，过期作废”的说法“深以为然”，于是他的作风变了样，开始与妻子“合作”受贿。

据查实，从2018年到2021年，魏某利用职务之便收取当地一家公司的财物合计130多万元，其行为已经触犯刑法，构成受贿罪。最终，魏某被依法判刑。

魏某的妻子卢某也难逃法网，她不但鼓动丈夫受贿，还通过借用他人银行账户的方式受贿，以逃避查处，最终被以受贿罪共犯论处。就这样，夫妻俩双双受到了法律的制裁。一个原本令人羡慕的家庭，在金钱面前变得支离破碎。

案例中的卢某便是一个典型的“贪内助”，她在家庭中并没有发挥出配偶本应具有的监督预防作用，继而“一人不廉，全家不圆”，可见，配偶会在很大程度上左右一名党员干部是公是私、是廉是贪，因而，把心摆在与丈夫相同的高度，全力支持丈夫的工作，守好“后院”，并在丈夫发生思想偏航时及时提醒，才配得上“廉内助”的称号。

一位街道党工委书记的妻子曾自豪地说道：“我成为家庭‘廉内助’两年多了，真切体会到培育‘好家风’是多么重要，不管是我还是家人，都深深感受到‘廉’住家中的踏实。”心中有廉，方能身正如莲。家有“廉内助”，就相当于党员干部的“大后方”多了一道坚实牢固的屏障，一切“妖魔鬼怪”都将被拒之门外。

何某是一名纪检监察干部，多年来他在工作岗位上能够始终保持廉洁清白，与妻子胡某密不可分。

“吃一点，拿一点，早晚毁在这一点；勤一生，廉一生，拥有幸福的人生。”这是胡某曾对何某说过的话，何某牢记于心。那时的何某刚去开发区工作，胡某听说开发区查处了几起街道干部违规收礼的事件，所以对何某说的话等于是一种警示。何某当然明白妻子的心意，虽说妻子是个大大咧咧的人，但总会在一些小事上“吹风”，这让何某十分欣慰。

有一年春节，开发区举办庙会，一位亲戚得知主办方的文化局副局长是何某的战友，便希望能得到几张门票。何某推辞不过，便打算走走后门。胡某看透了他的心思，便说：“在工作中你很有原则，可怎么会在百八十块的小事上犯糊涂呢？你托战友帮忙，回头战友再找你办私事，你怎么办？不要因小失大啊！”何某猛然惊醒，马上打消了要门票的念头。

后来，何某被提拔为科室主任，妻子胡某便对他说：“我和孩子不求你当多大的官，只要你好好的，咱们家的日子就踏实了。”何某知道，自己一路走来之所以能够完全把心扑在事业上，远离是非，妻子这个“监督员”“守门员”功不可没。

2017 年，市里面临换届，人员调动较大，便有人劝何某“找找门路”“疏通疏通”。当时看着很多战友通过各种方法走上领导岗位，何某也动起了歪心思。一个周末，他陪妻子练车，坐在副驾驶位置上的他有些心神不宁。妻子一不留神，把车开到了马路牙子上，何某本想“教训”几句，但妻子自顾自地嘟囔起来：“车况不熟悉、路况不熟悉，真的很容易出问题，这和工作是一个道理，对不对？”毫无疑问，妻子早已看穿了何某的想法，所以借机提醒，及时让何某“刹住了车”。

“廉内助”是“家中宝”，会在党员干部走到悬崖边时及时把他们拉回来，挽救他们的生命和前程。与之相对的“贪内助”则如家中的“蛀虫”，会慢慢地腐蚀党员干部的思想，唆使他们做出有愧于党、有愧于国家、有愧于人民的事情，最终害人害己。

“亲不过父母，近不过夫妻。”党员干部的家里若有一个“廉内助”，常吹廉洁之风，整个家庭都会呈现出一片祥和之气；相反，配偶若是个贪得无厌的人，并从思想上、行为上播撒腐败的种子，那么这个家很快就会变成“贼窝”，原本的“全家福”也会瞬间变成“全家腐”。

所以，党员干部要时常告诫配偶“莫把家门开，以免招贼来”，并要以身作则，为配偶树立廉洁榜样；配偶也要主动提升反腐、防腐意识，认识到贪腐的危害，从而当好“廉内助”，守住“幸福门”。

4. 贪廉一念间，荣辱两世界

人性中的弱点，决定了人需要有规矩的约束。从家庭方面来说，一家之规、一家之风便是一种“规矩”，会对家庭成员的言行举止起到规范作用。所以，党员干部有必要在家庭中树立起良好的家风、廉洁的家风，这样的家风是一种润物细无声的品德力量，会助推整个家庭变得更积极、健康、阳光。

一念天堂，一念地狱，在廉洁和贪腐上也是如此。一些意志不坚定的党员干部并非从一开始就是个容易被利益和诱惑腐蚀的人，我们从很多违规违纪的党员干部的“忏悔书”中也可以明显地看到，他们起初是能够坚守底线和原则的好干部，可最终却还是无法把持自我，继而堕入腐败的深渊。

归结起来，外因固然重要，但起决定性作用的仍是内因。换句话说，如果党员干部自身“抗腐”能力弱，不够自律，不懂得树立廉洁家风的重要性，也就很容易在利益和诱惑面前破防，从原本的廉洁正直变成腐化堕落。

苏某是一名工作有能力、有魄力的干部，在基层工作中，常常身先士卒，也因此得到了很多荣誉和赞誉。随着工作年限的增加和个人能力的提升，深受领导器重的他一步步走上了省国土厅副巡视员的职位。

苏某是一名“荣誉满身”的党员干部，这也让他产生了莫大的虚荣心。在家中，他时常会对着那面挂满奖章和奖状的“荣誉墙”孤芳自赏，还不时地对妻子和孩子炫耀，家里来客人的时候，他也会有意无意地让他们去“参观”一下，目的无非是想得到他人的夸赞。

时间一长，他在单位里也会表现得居功自傲，喜欢听奉承话，容不得反对意见。心怀叵测之徒看到这样的情景，便觉得“有机可乘”，开始小利小惠腐蚀他的思想。起初，这些人会送给他一些土特产，声明是出差顺道买来的；接着，趁着逢年过节提升礼物的档次；最后，在恰当的场合直接送现金。

这一时期的苏某虽然爱慕虚荣，但却不曾想过受贿，他只把土特产以及节日礼物看作“礼尚往来”，所以当第一次有人送来现金时，他的双手都在颤抖，一时之间竟然不知如何是好。

一次，一个做工程的老板约苏某喝茶，其间直接掏出两个信封，每个信封里装有两万元现金，说是希望能真正交下苏某这个朋友，这些“小意思”只是为了给他买烟抽。苏某回到家后忐忑不安，但一看到自己那面“荣誉墙”，加上妻子也夸他“能干”，还没做什么就有人送钱，他内心的最后一道防线开始崩溃。

慢慢地，苏某彻底迷失了自我，曾经那个廉洁为民的干部摇身一变，成了贪污成性的“人民公敌”。

不难看出，苏某走上贪腐之路，一方面是因为他个人思想意志不坚定，同时也不能排除家风不正的重要因素。一人之廉，有赖于一家之廉，如果廉洁之风能够吹遍家庭的每个角落，那么家庭成员的心中就会种下廉洁的种子，一旦某位成员受到外界的侵扰，其他成员便可以马上提醒和纠正，从而悬崖勒马，避免犯错。

很多时候，党员干部身边因为总是围绕着各种各样的利益和诱惑，所以难以避免思想松动。一个不良念头的产生，往往需要付出巨大的内在能量才能将其彻底铲除，这种内在能量便是廉洁的思想、廉洁的家风。因而，要想永葆清廉，党员干部就必须树立廉洁家风，以此涵养清风正气。

钱某是某市人大常委会原副主任，出身贫寒的他起初把所有精力都用在了事业上，而后一步步取得了令人羡慕的成就。然而，随着职位的提升，他心中的“天平”却由廉倾向贪，开始放松对自己的要求，败坏了家风，也殃及了配偶和孩子。他在忏悔录中写道：“我无论是经商、收受他人的礼品礼金，家庭成员都或多或少参与到了其中，尤其是我儿子参与的程度最深，自幼逢年过节便会收到各种礼物，长大后去国外读书也有老板赞助，回国后办企业经商的本事没有，却有着因我的影响而暴露无遗的不良习气。”好好的一个家，就这样被钱某的贪念毁掉了。

无独有偶，某市一区的原常委、原副区长吴某，因为小时候受到二姐一家的照顾，并且他的大学也是在姐姐的资助下读完的，所以参加工作后他便一心想着好好报答二姐一家。后来，吴某成了干部，也有了帮助二姐一家的能力。

当时，二姐夫经营着一家自行车配件厂，他找到吴某后，希望吴某能帮忙牵线搭桥，介绍一位配件厂的老板。吴某当即答应，很快便让那位老板与二姐夫联系。此后，二姐夫多次以进货款压在货里，以及借款等名义收受了那位老板300多万元的贿赂款。吴某对此心知肚明，但他曾多次暗示那位老板，帮助二姐夫就是帮他。那位老板心领神会，在金钱上更加大方，而吴某也利用自己的职务之便屡屡为那位老板开绿灯。

2019年，吴某因受贿罪、滥用职权罪被判处有期徒刑11年零6个月，他的二姐夫也被判处4年有期徒刑，其他涉案人员也都受到了相应的法律制裁。

上文中的钱某和吴某，身为党员干部却不能正确履职，这是他们最终身陷囹圄的主要原因。但深究内里，我们可以看出，他们自身缺乏对廉洁和腐败的正确认知，不曾在自己心中和家庭中树立起“以廉为荣、以贪为耻”的观念，反倒崇尚“一朝权在手，便把令来行”，如此又怎么能形成好家风，拥有幸福美满的人生呢？

“忠厚传家久，诗书继世长。”从古至今，家风建设都是为官者的“必修课”，今天的党员干部也要把建设好家风当成治家、从政的根本和重中之重，唯有此，才能在廉与贪的天平上“倾廉远贪”，在一念之间做出最明智的选择。

5. 心系子女，言传身教

《教子语》中云：“富者之教子须是重道，贫者之教子须是守节。”无论是重道还是守节，其实都传递出了父母心系子女，为子女劳心劳力的道理。

父母之爱子，则为之计深远。古往今来，很多贤者达人在教育子女上都提出了自己的观点，但归根结底，都绕不开“言传身教”四个字，这也充分说明了，要想真正教导出“孝子贤孙”，能够正家风、传正气的后代，父母首先要做好榜样和示范。

父母是子女的第一任老师，若父母其身不正、其行不端，就很难在家庭中树立起良好的家风，也很难让子女信服。

有鉴于此，党员干部在家庭中必须以身作则，率先垂范，处处严以修身、严于律己，为子女树立廉洁、正直、无私、不贪的榜样，如此上行下效，子女也自然会成长为表里如一、奉公守法、廉洁自律、清白无垢的人。

房玄龄是唐朝著名的“开国贤相”，一生谨慎、清正廉洁，而他之所以能成为一代贤臣、廉臣，与父亲的教导和影响密不可分。

房玄龄的父亲房彦谦，18 岁时做了齐州刺史的主簿，当时官场纪律松弛，但却也能“清简守法”，不禁让人刮目相看。后来他因为政绩突出，被提升为承奉郎、监察御史。公元

602年，他做了长葛县令，因为勤政廉洁、一心为公而为百姓所爱戴，甚至被百姓称为“慈父”。

房彦谦除了在政事上功勋卓著，也十分重视对儿子房玄龄的教育。房家祖上颇有资产，加上房彦谦做官享有俸禄，所以理应富裕，可他从不看重物质，所以“（钱财）皆以周恤亲友，家无余财，车服器用，务存素俭”，由此他也教导儿子房玄龄：“别人做官都发家致富了，我却因为做官而贫困，留给子孙的唯有清白啊！”

这样的家风训诫对房玄龄影响很深，后来房玄龄做官后也是素俭清白，清正廉明，在做宰相期间，一心为公、一心为民，虽然他的女儿贵为王妃，他的儿子贵为驸马，他仍然不忘告诫子女切勿骄奢淫逸，更不能仗着身份显赫欺凌百姓。为了更好地树立家风，教导子女，他还特地搜集了很多古今名家的家训，并一一写在屏风上，让子女各自选择一套来作为约束自己行为的标准。

房家两父子对子女的教导很值得学习，更重要的还在于，他们的教导并非单纯说教，而是身体力行，用行动去影响和熏陶子女，这会带来更积极、直观的效用。

今天的党员干部，在树立廉洁家风，为子女传递廉洁思想的同时，更应该以身示范，把廉洁落在实处，落实到生活和工作的方方面面，让子女切身地体会到廉洁的意义和所能带来的益处，从而他们会从内心深处认同廉洁，崇尚廉洁。

教育贵于熏习，风气赖于浸染。子女所受到的熏陶更倾向于亲眼看到，即他们看到父母的一言一行、一举一动，便会下意识地模仿，所以党员干部就必须谨言慎行，从拒绝一包烟、一瓶酒开始，用行动示范什么是真正的不贪不占。

吴正秀是吉首市人民检察院的检察官，2020年被市政府授予吉首市“十佳政法干部”称号，2021年被评为“优秀共产党员”，2022年被评为“吉首市维护妇女儿童权益先进个人”。吴正秀从事检察工作已经二十多年，始终把父亲对她的教诲牢记在心。

吴正秀的父亲是一名老检察官，在检察机关辛勤耕耘二十余载，始终廉洁自律、克己奉公，不管在生活中还是工作中从来没出过错。父亲对吴正秀兄妹四人管教甚严，一再教导他们必须廉洁做人做事。

在吴正秀的记忆里，父亲为人正直，十分清廉。有一年腊月，有人带着烟酒等礼物上门，当时吴父在监所股从事驻吉首监狱检察工作，送礼的人是想让他“帮忙”。吴父见状，坚持说公事公办，之后把礼物退了回去。当时吴父的工资一个月还不足100元，妻子没有工作，家里还有上学的孩子，生活十分拮据，可他始终廉洁自守，绝不逾矩。

2000年，吴正秀成为吉首市人民检察院的一员，上班第一天，吴父亲自为女儿做了早餐——一碗白菜煮水豆腐，并对女儿说：“阿秀，以后你就是一名检察工作人员了，记住要认真工作、依法办案，像这道菜一样清清白白。”

吴正秀把父亲的话根植于内心，她在日后的工作中一直对自己高标准、严要求，从没有越界行为。而父亲那“我是一名共产党员，不能占公家便宜，就是一滴水的便宜也不能占”的精神，更成了吴家的一种家风。

严于律己、不搞特殊，应当成为每一名党员干部的为人之道、为官之道。子女都是跟随着父母的脚步成长的，父母的言行举止对子女的影响不言而喻，小到生活习惯，大到为人处世，子女的身上都会折射出父母的影子。因而，党员干部必须修身正己，做到内心纯洁，这样才有勇气也有底气成为子女学习的典范。

6. 筑牢家庭廉洁防线

“国无廉则不安，家无廉则不宁。”家庭是社会的细胞，是反腐的第一道防线，也是抵御腐败的重要阵地。家庭成员是否具有廉洁意识，以及廉洁意识的强弱，直接关乎着家庭，乃至于整个社会是否风清气正。因而，构筑家庭廉洁堡垒，筑牢反腐防线就变得十分重要。

一些党员干部思想松懈的根本原因，一方面是因为自身党性修炼不足，另一方面便是家庭中没能树立起廉洁之风，这导致他们的廉洁意识不强，并不认为廉洁的家庭教育多重要。于是，我们可以看到很多腐败都是“父子同腐”“兄弟同腐”“夫妻同腐”的。他们在违法乱纪之时，不见得不知道会有怎样的后果，可贪婪和欲望早已蒙蔽了他们的双眼、迷了他们的心窍，所以动起了不该动的念头。

从根本上说，他们并不重视家庭廉洁教育，没有在家庭中形成廉洁风气，只靠着几句口号来约束自己，是不能从根源上堵住腐败的缺口的，由此导致的后果也必将十分严重。

某公司总经理翟某受贿案就十分典型。翟某曾当选全国劳模，还有“三不收”的个人原则：一不收钱，二不收物，三不收与工作无关的物品。工作上的成绩也让他在业界赢得了好名声，他也在心里筑起了一道坚固的“拒贿”防线。

翟某有自己的底线和原则，可是他的亲弟弟却被“糖衣炮弹”击垮了。翟某很疼爱比自己小十多岁的弟弟，只要在自己的能力范围内，什么事情都会满足弟弟。弟弟上高中时，很喜欢同学买的限量版运动鞋，便天天缠着哥哥要买，翟某看着弟弟渴望的眼神，一狠心便拿出一个月工资为弟弟买了限量版运动鞋。

弟弟拿到运动鞋后非常开心，翟某也觉得自己花的钱很值。后来，弟弟考上了大学，花钱上从不节制，大手大脚。两兄弟的父母年事已高，不能在经济上提供帮助，所以弟弟的学费担子就落在了翟某身上。那时翟某的儿子也考上了大学，他一下子要承担两个大学生的学费，实在有些吃力。所以，他只能减少弟弟和儿子的生活费。

对此，儿子毫无怨言，但弟弟却心中不满。来哥哥家里做客时，也是连连抱怨。一次，正巧一位商人来翟某家谈事情，听到翟某弟弟的抱怨后便记在心里，之后开始“投其所好”，把翟某的弟弟当成了“突破口”。

虽然翟某是个清廉自守的人，但他只重视个人名誉，并没有把自己对廉洁的认知传递给家庭成员。就这样，弟弟在那位别有用心的商人的金钱攻势下毫无招架之力，甚至于，他会背着翟某收钱。

事发后，翟某既惊讶又悔恨，惊讶的是弟弟以自己的名义受贿多达 30 次，后悔的是平时没能把廉洁知识传递给亲人，让他们误以为自己手中的权力是可以“变现”的。

不难看出，家庭这道反腐防线一旦被击垮，党员干部苦心树立起来的正面形象将毁于一旦。俗话说，“日防夜防，家贼难防”。这句俗语套用在正风反腐上，就可以变成“防腐防变，难防家人受骗”，家庭成员若没有主动远离利益和诱惑的意识，必然会与不法之徒站在同一阵营，把党员干部“拉下马”，毕竟“堡垒都是从内部被攻破的”。

父母、配偶、子女等亲属都应当成为党员干部宣传廉洁文化、开展廉洁教育的对象。而为了让家人形成廉洁意识，党员干部要主动把好以下“五关”。

意识关。思想意识决定了一个人的行为举止，党员干部必须要让家庭成员从思想上认识到腐败的危害，可以在平时的生活中多开展“集体学习廉洁知识”的家庭活动，多看相关廉洁榜样的事迹宣传片或书刊等，强化廉洁意识，学会主动“排雷”。

道德关。做事先做人，育人先育德，有道德是做大事的先决条件，不然无德之人本领越大，危害就越大。因此，党员干部除了自我提升道德素养，也要重视对家庭成员的道德提升，这方面同样可以从古圣先贤以及身边的劳模、榜样、典范和先进人物身上找到依托。

行为关。党员干部除了在工作中发挥先锋模范作用外，也要重视在家庭中为家庭成员树立榜样，要为人以公、处事以公，即便是生活中再小的事情都必须一板一眼、按部就班，如此便能在家庭中形成正确的导向。

价值关。因为手中掌握权力，党员干部难免会成为别有用心之人的“攻坚目标”，所以当有人登门以各种名义送礼送物时，要果断拒绝，不能因为是“小节”而不在意，从而让家庭成员也产生“不拘小节”的心理，久而久之，家庭成员也会被“围猎”，沦为不法之徒行贿的“敲门砖”。

精神关。艰苦朴素是中华民族历来的传统美德和民族精神之一，党员干部要时刻发扬这种作风，在家庭中厉行节约，反对浪费，确保家庭成员具备这样的优秀品质。

正风反腐永远在身边，党员干部要立足于自身，立足于家庭，真正地筑牢家庭廉洁防线，从我做起、从小家做起，才能风清气正扬好帆，打造一片干净、纯洁的朗朗晴天！